파란만장 선배의
신입사원 상담소

차례

PART 1

선배, 일이 너무 힘들어
업무 스트레스에서 벗어나는 14가지 방법

PART 2

선배, 사람이 더 어려워
사내 인간관계를 위한 처세술

PART 3

선배, 나 이직할까 봐

커리어 관리를 위한 10가지 조언

PART 4

선배, 일이 인생의 전부는 아니겠지?

샐러리맨을 위한 자기 계발 노하우

오늘도 출근하는 후배들에게

제 사회생활의 시작은 언론사였습니다. 12년간 언론계에 머물다, 청와대 정무수석실 행정관으로 1년 반을 근무했습니다. 이후 공기업을 거쳐 지금은 민간 기업에서 평범한 직장 생활을 하고 있습니다.

언론사, 청와대, 공기업, 민간 기업.

어쩌다 보니 다양한 경력을 쌓게 됐습니다.

남들이 보기에는 파란만장하기까지 한 직장 생활을 통해 깨달은 사실이 있습니다. 업종이 어찌 됐든, 회사 규모가 크든 작든, 연봉이 많든 적든 모든 직장 생활에는 그 나름대로 고민과 애환이 뒤따른다는 점입니다. 남들이 모두 부러워하는 초일류 기업에 다닌다고 해서, 흔히 말하는 '신의 직장'에 다닌다고 해서 스트레스가 없는 것은 아닙니다. 반대로 조그만 직장에 다닌다고 해서 기죽을 이유가 없고, 지금 당장 비전 없어 보이는 직장에 다닌다고 해서 반드시 자신의 미래까지 암울해지는 것은 아닙니다.

누구나 겪고, 누구나 느낄 수밖에 없는 직장 생활의 애환과 스트레스, 그리고 숱한 선택의 기로들……. 그 어려운 숙제에 대해 함께 고민해 보고자 하는 게 이 책의 목적입니다.

저는 사회적으로 성공한 유명 인사도 아니고 지식의 폭이 우물처럼 깊은 학자도 아닙니다. 오늘 하루 어떻게 무사히 직장 생활을 마칠 수 있을까, 어떻게 하면 하늘 같은 직장 상사 눈 밖에 나지 않을까 걱정하는 평범한 직장인입니다. 그렇기에 일상의 고민을 토로하는 젊은 분들에게 친한 선배 같은 입장에서 조언을 들려줄 수 있다고 생각합니다.

아무리 멈춰 봐도 직장 생활의 지혜가 보이지 않거나, 천 번을 흔들려도 직장 생활에 적응이 안 된다고 느끼는 분들과 이 책을 통해 함께 웃고 울고 고민해 봤으면 합니다.

저 역시 지금 이 순간 직장 생활이라는 틀 속에서 허덕이고 있기에 자신에 대한 다독임이 필요합니다. 직장 생활 하는 동안 승진에서 누락되는 아픔도 맛봤고, 원치 않는 부서로 이동해 갖은 고생 다 했던 아픈 기억도 있습니다. 충성을 다했던 직장 상사에게 배신당해 혼자 눈물 흘린 적도 있었고, 회사를 옮긴 뒤 '아, 예전 직장이 훨씬 좋았는데…….' 하며 후회해 본 적도 있습니다.

어찌 보면 이 책의 상당 부분은 아직도 직장 생활에 대해 고민하고 방황하고 있는 저 자신에게 들려주는 말이기도 합니다. 이런 문제와 고민은 대한민국 직장인이라면 한 번씩은 거칠 수밖에 없는 숙명이 아닐까 싶습니다.

앞서 말씀드렸듯 거창한 멘토나 취업 전문가, 진로 상담가의 입장이 아닌 선배 같은 입장에서 제 경험담을 토대로 이야기를 담아 봤습니다. 제 말이 정답이라는 보장도 없고, 각자 처한 상황이 모두 다르기 때문에 제 얘기나 주장이 적절해 보이지 않을 수도 있습니다.

하지만 이런저런 직장을 다니며 다양한 경험을 하고 수많은 사람을 만나 본 입장에서 가장 현실적인 대안과 해답을 드리고자 노력했습니다.

'취업이 어려우니 저 넓은 글로벌 무대로 눈을 돌려라.' 같은 식의 뜬구름 잡는 조언은 철저히 배제하고자 했습니다. '상사가 부당한 지시를 하거든 당당하게 자기주장을 펴는 직장인이 돼라.'는 식의 현실을 무시한 해법도 지양했습니다.

때로는 각박하게 들리고 때로는 다소 비굴하게 보일지 몰라도, 지금 이 순간 우리 인생에 가장 현실적으로 도움이 될 만한 얘기들을 담아 봤습니다.

이 책에 등장하는 여러 소재를 제공해 준 제 조카 영애, 하나, 용범, 한슬, 다훈, 다윤, 지영, 준형이에게 감사의 마음을 전합니다. 삼촌의 작은 조언에 잠시나마 위안받았기를 바랄 뿐입니다.

친형 같은 권선무·권은중·박민·김구철 선배, 친구 박태영·김지웅, 친동생 같은 권로미·이춘건에게도 감사를 보냅니다. 투병 중인 오용식 국장의 쾌유를 빕니다.

　무엇보다 이 책을 쓰는 동안 아빠한테 컴퓨터를 기꺼이 양보해 준 이매초등학교 양채원 어린이와 언제나 친구 같은 아내 이소의 씨에게 무한한 애정을 보냅니다.

PART 1

선배,
일이 너무
힘들어

업무 스트레스에서 벗어나는 14가지 방법

공대를 졸업한 후배 A가 사무직으로 취업에 성공했습니다.

취업 과정 못지않게 고된 신입사원 연수를 무사히 마치고 드디어 꿈에 그리던 현업 배치. 대부분의 신입사원이 그렇듯 후배 역시 출근한 뒤 처음 며칠 동안 직속 상사 손에 이끌려 여기저기 인사만 다녔다고 합니다. 저녁은 환영 술자리로 마무리.

'언제 본격적으로 업무를 맡기려나.' 기대와 설렘 속에 나날을 보내던 그에게 드디어 과장님이 첫 번째 업무 지시를 내렸습니다.

"A 씨, 복사기 고장 난 것 같은데 좀 고쳐 봐요. 공대 나왔으니 잘 하겠네."

하늘 같은 과장님이 시킨 일이라 군말 없이 복사기에 달라붙어 뭐가 고장 난 건지 이리저리 훑어 보는데 속에서 짜증이 확 밀려오더랍니다.

'아니, 기계가 고장 났으면 서비스 센터 기사를 부르면 될 일 아닌가. 내가 공대 졸업한 것과 복사기 고치는 게 뭔 상관이 있다는 거지? 공대가 무슨 전파상도 아니고⋯⋯.'

'이런 일 하려고 공부한 게 아닌데⋯⋯.'

술자리에서 A가 이 에피소드를 풀어놓자 동석한 다른 사람들이 비슷한 경험담을 털어놓아 배꼽을 잡았던 기억이 납니다.

그중 압권은 대학에서 역사를 전공한 B의 신입 시절 경험담이었습니다. 직장 상사가 하루는 자기에게 이렇게 말하더랍니다.

"B 씨, 내년에 우리 회사 창립 40주년 기념 사사(社史)를 편찬해야 하는데, 어느 대행사에 발주해야 하는지 알아봐 줘. 사학 전공했으니 잘 알거 아니야."

사사는 말 그대로 회사 창립 이후의 역사를 담은 책입니다. 그 역사가 길어 봤자 수십 년에 불과하고, 그 내용 역시 '창업주가 어려운 환경 속에서 탁월한 경영 활동을 해서 오늘과 같은 눈부신 기적을 이뤄 냈다.'는 식으로 뻔합니다.

그런 사사 편찬과 대학에서 배우는 역사학이 무슨 연관성이 있겠습니까. 이 회사가 고조선 때부터 있었던 것도 아닌데⋯⋯. 그럼에도 '역사'라는 공통 키워드 하나만을 내세워 B에게 사사 편찬 대행사를 알아보라고 한 그 상사의 상상력이 감탄스러울 뿐입니다.

위 같은 경우는 그저 빙산의 일각일 뿐입니다.

'내가 이런 잡일이나 하려고 그 비싼 등록금 내면서 학교 다니고, 해외 연수에 외국어 성적에 스펙 쌓느라 부모님 등골 빼먹은 줄 아느냐.'는 식의 불만을 가진 분들 적지 않을 겁니다. 전산학 전공했다는 이유만으로 '컴퓨터 좀 저쪽으로 옮겨 봐.'라는 식으로 업무 지시를 받으면 저 같아도 기분이 좋지는 않을 것 같습니다.

회사에 눈높이를 맞추라

취업 준비하던 시절 귀에 못이 박이도록 들었겠지만, '구직할 때 눈높이를 낮춰라.'는 말들을 많이 합니다. 큰 기업, 높은 연봉만 바라지 말고 장래성과 자신의 적성을 종합적으로 고려해 작더라도 알찬 회사에 우선 취업하라는 의미일 텐데요.

사실 취업 준비할 때만 눈높이를 낮출 일은 아닌 것 같습니다. 취업에 성공한 이후에도 상당 기간은 눈높이를 낮추는 자세가 필요합니다. 막상 어렵게 취업했는데 본인이 예상했던 일이 아니어서 실망하고, 결국 얼마 지나지 않아 그 회사를 그만둔 뒤 다시 구직 시장에 뛰어드는 분들이 굉장히 많습니다.

하지만 이런 생각을 하기 전에 다음과 같은 점을 반드시 이해해야 할 것 같습니다. 본인은 자신을 똑똑한 인재요, 엄청난 스펙을 바탕으로 치열한 경쟁을 뚫고 입사에 성공한 엘리트 신입사원이라고 생각하겠지만, 회사에서 보면 그저 '걸음마부터 가르쳐야 할 초짜'라고 여길 수밖에 없는 현실 말입니다. 고교든 대학이든 학교에서 배운 지식은 어디까지나 이

론상의 얘기일 뿐입니다. 그렇다 보니 회사 입장에서는 새로 들어온 이 '천진난만한 새싹'에게 중요한 업무를 덥석 맡기기에는 위험 부담이 많습니다.

우아함과는 거리가 먼 직장인의 일상

또 한 가지, 직장인의 업무 중 상당 부분은 '딱 여기서부터 저기까지'라고 규정하기 힘듭니다. 즉 여러 가지 업무가 혼재된 경우가 많습니다.

예컨대 구매 업무인 줄 알고 입사했는데, 때로는 창고에 내려가 박스를 직접 나르며 자재 관리까지 해야 하는 식입니다. 근사하게 사무실에 앉아 엑셀로 도표 그리고, '갑'의 입장에서 구매 대행업체에 전화해 발주하는 모습을 상상했던 신입 직원에게 '박스 나르기'는 전혀 예상치 못한 업무일 것입니다.

이 외에도 당초 예상치 못했던 어려움이 도처에 도사리고 있습니다. 가장 큰 어려움은 물론 인간관계에서 기인합니다. 사회에 첫발을 내딛는 분들이 특히 어려울 수밖에 없는 부분이기도 합니다.

가족, 친구들과의 인간관계가 전부였던 학창 시절과 달리 사회에 나오면 '위계질서'라는 틀 안에서 사람들을 대해야 하는 낯선 문화와 마주하게 됩니다. 직장 상사라는 선배가 있고, 클라이언트 혹은 바이어라는 이름의 '갑(甲)'들이 있습니다. 같은 월급을 받더라도 갑의 위치에서 받는 것과 을의 위치에서 받는 것이 얼마나 다른 의미가 있는지를 처절하게 깨우치게 됩니다. 거기에다 야근은 왜 그리 자주 하는지…….

그런 일은 일어나지 않는다

TV 드라마를 보면 좌충우돌 신입사원의 활약을 주제로 한 내용들이 심심치 않게 등장합니다. 까닭 없이 주인공을 싫어하고 괴롭히는 못된 상사 혹은 입사 동기가 등장합니다. 이들의 온갖 음모와 방해에도 주인공은 끈기 있게 업무를 추진해 결국 엄청난 공을 세우고, 회사를 구합니다. 그 과정에서 주인공을 진심으로 사랑해 주는 연인을 만나게 됩니다. 나중에 알고 보니 그 연인은 꼭 회사 회장님의 아들(혹은 딸)입니다.

뭐 이런 내용인데요. 드라마는 어디까지나 드라마일 뿐입니다!

회장님 자녀가 재직 중인데 이를 직원들이 전혀 눈치채지 못하고 있다? 마음만 먹으면 명문가 출신 배우자를 쉽게 만날 수 있을 만한 회장님 자녀가 군이 자기 회사에 들어온 평범한 사원과 사랑에 빠진다? 보다 근본적으로, 회사를 구할 만큼의 중요한 업무가 신입사원에게 떨어진다?

현실과 동떨어진 드라마 속 허구일 뿐입니다. 신입사원은 그 회사의 미래기도 하지만, 현 상태에서는 업무를 가장 모르는 초보자일 뿐입니다.

세상은 원래 불친절하다

그러니 처음 회사에 들어가서 본인 예상과는 달리 허드렛일이나 잡일이 쏟아져도 너무 마음 상해하지 말았으면 합니다. 또 클라이언트나 바이어 등 여러분이 상대해야 하는 '갑'들이 이런저런 스트레스를 주더라도 좌절하지 않았으면 합니다. 많건 적건, 여러분이 받는 월급에는 그런 스트레스에 대한 보상이 포함돼 있다고 생각하시면 마음이 조금은 가벼워질 겁니다.

친한 형님이 알려준 영어 속담이 있습니다.

> '청년이 배워야 할 가장 첫 번째 위대한 교훈은, 세상은 청년을 위해 아무 배려도 하지 않
> 는다는 점이다.(The first great lesson a young man should learn is that the world cares
> nothing for him!)'

그렇습니다.

세상은 여러분을 위해 아무런 배려도 하지 않습니다. 스스로 자신을 단련해 나가고, 본인이 하는 일에 자꾸 가치를 붙여 나가야 합니다. 꿈꾸던 화려한 직장 생활이 아니더라도, 눈높이에 맞지 않는 일을 한다 해도, 쉽게 포기하거나 다른 곳을 기웃거리지 않았으면 합니다. 정도의 차이만 있을 뿐 사회생활은 어딜 가도 힘들기는 마찬가지입니다.

여러분이 보기에 한없이 높아 보이는 전무님과 상무님 역시 20여 년 전 사회 초년생 시절에는 복사기를 열심히 고치고 있었을지 모릅니다.

누군가의 말처럼, '뛰어나서 살아남은 게 아니라, 살아남아서 뛰어난 것'일 수도 있으니까요.

Q 속도와 완성도, 어떤 게 우선일까?
A 어차피 품질은 낮으니 일단은 스피드!

사회부 사건 팀에 소속된 햇병아리 기자 때였습니다.

그날도 여느 날과 다름없이 제가 담당한 경찰서를 순회하면서 기사 거리가 될 만한 사건은 없는지 사건 기록부를 뒤적거리고 있었습니다.

눈에 띄는 한 사건이 있었습니다. 한 중년 여성이 사이비 종교인에게 속아 재산을 다 헌납하고, 그것도 모자라 성폭행까지 당했다는 내용이었습니다.

여기까지는 흔히 볼 수 있는 사이비 종교 사건인데요, 사건 관련 조서를 곁눈질로 읽다 보니 피해 여성 이름이 '김○○'으로 표기돼 있다는 것을 알 수 있었습니다. 조사받던 피해 여성 곁을 맴돌다가, 담당 경찰이 잠시 자리를 비운 틈을 타 슬쩍 말을 붙여 봤습니다.

"김○○ 씨, 저는 이 경찰서를 출입하는 기자인데요, 경황이 없으시겠지만 몇 가지만 여쭤 볼게요."

그런데 이 여성의 대답이 뜻밖이었습니다.

"어, 저는 김○○이 아니라 정○○인데요."

순간 머릿속에 번쩍이는 게 있었습니다.

'분명 사건 조서에는 피해자가 김씨라고 적혀 있는데, 알고 보니 이 여성은 정씨다. 뭔가 있으니까 경찰이 여성의 신분을 숨기고 있는 게 분명하다.'

대충 이런 유의 번쩍임이었습니다. 그때부터 저는 고민에 휩싸였습니다.

'취재가 아직 끝나지는 않았지만 일단 이 사건을 회사에 보고부터 할까, 아니면 조금 더 취재해서 일을 완벽하게 끝낸 뒤 보고할까.'

신속한 보고 vs. 완벽한 마무리

제가 이런 고민을 하게 된 이유 중 하나는, 신문사 사건 팀은 신속한 보고를 철칙으로 여기기 때문입니다. 이를 지켜야 한다는 의무감이 들었던 반면, 마음 한 켠에서는 더 완벽하게 취재해서 특종임을 확인한 뒤 회사에 근사하게 보고하고 싶은 욕심도 생겼습니다. 고민 끝에 '보고가 조금 늦더라도 더 취재해 보자.'는 결정을 내렸고, 그때부터 다른 일은 제쳐두고 오로지 이 사건에만 매달렸습니다.

결론은 어떻게 됐을까요?

회사 상사한테 욕만 진탕 얻어먹었습니다.

알고 보니 성폭행 등 피해자를 보호해야 할 필요가 있는 사건의 경우,

조서에 가명을 쓰는 경우가 있다는 것이었습니다. 기자 경력이 일천했던 저는 이런 사정을 알 턱이 없었고, '이건 경찰이 고의적으로 피해자 신분을 은폐한 사건'이라고 지레짐작했던 것입니다.

회사 상사들 입장에서 보면 별것도 아닌 일인 데다, 그 일을 핑계로 보고 시간까지 어겼으니 제 행동이 어이없어 보였을 것입니다.

무엇을 우선시할 것인가

이런 실수, 일반 기업체 신입사원들도 많이 저지르지 않을까 싶습니다. 상사한테 한마디만 물어보면 금방 해결될 일인데 혼자 엉뚱한 생각하거나 고민하느라 끙끙대고, 그러다 일 처리 늦다고 핀잔 듣는 그런 상황 말입니다.

고민의 범위를 확대하다 보면 이런 의문에 다다릅니다.

'회사 업무에서 속도가 우선일까, 완성도가 우선일까.'

물론 정답은 '빠르고 완벽한 일 처리'겠지만, 그렇게 일을 잘하면 신입사원이 아니죠. 말 그대로 신입사원은 조직에 새로 들어온 사원이므로 업무상 모르는 것투성이입니다.

바꿔 말하면 신입사원으로서 어떤 업무를 부여받아 처리할 때, 아무리 오래 붙들고 있어 봤자 상사들 보기에는 처리 결과가 미흡해 보일 가능성이 높다는 의미입니다.

일단 빨리빨리 처리하라

결론적으로 신입 시절에는 일단 일을 속도감 있게 처리하는 게 완성도를 추구하는 것보다 나은 경우가 많습니다. 일단 업무를 빨리 처리하면 결과에 상관없이 상사들한테 최소한 '빠릿빠릿하다.'는 소리는 들을 수 있습니다. 어차피 이렇게 하나 저렇게 하나 상사 눈높이에 맞추기 힘들 가능성이 크니, 일단 일을 빨리 처리하기라도 하면 욕이라도 덜 먹을 수 있다는 것입니다.

대부분의 상사라면, 본인이 시킨 업무를 아랫사람이 어떻게 진행하고 있는지 궁금해합니다. 그런 까닭에 일을 시킨 지 한참이 지났는데도 '함흥차사'인 신입사원들은 상사한테 찍히기 십상입니다. 따라서 이왕이면 일을 빨리빨리 처리하는 게 상사에게 덜 찍힐 가능성이 높습니다.

늦을 것 같으면 미리 보고하라

한발 더 나아가 저 같은 경우에는 누가 일을 시키면 일단 속도감 있게 일을 처리하는 쪽에 초점을 맞추되, 그게 힘든 상황일 경우 중간에 반드시 진척 상황을 보고합니다.

상사로서는 자신이 시킨 일을 어느 정도 수행하고 있는지 알 수 있어서 좋고, 부하 입장에서는 '당신이 시킨 일을 내가 이렇게 열심히 하고 있다.'라고 티 낼 수 있어서 좋습니다. 때로는 상사와 업무를 상의하는 과정에서 새로운 해결책을 찾을 수도 있습니다.

가장 좋지 않은 경우는 업무 처리가 늦으면서 완성도까지 높지 않은 경우입니다. 불행하게도 신입사원 상당수는 이런 실수를 저지를 가능성이 높습니다. 앞서 말씀드렸듯, 업무에 익숙지 않다 보니 자기가 처리한 업무 결과를 선뜻 상사에게 내놓기가 겁나고, 차일피일 시간 끌다 보면 어느덧 상사로부터 "○○ 씨, 지난번 지시한 건 왜 아직도 보고를 안 하나. 어떻게 되어 가고 있어?"라는 짜증 섞인 채근을 듣게 됩니다.

상사가 이렇게 말하기 전에, 완성도는 다소 떨어지더라도 속도감 있게 결과물을 내놓자는 것이죠.

"과장님, 일단 이렇게 업무를 처리하고 있는데 제가 일을 맞게 한 건지, 혹시 고칠 부분은 없는지 좀 봐 주십시오. 지시 내려 주시면 수정해서 다시 최종적으로 처리하겠습니다."

'일도 못하면서 느리다'는 최악의 평가는 피하라

물론 속도감 있게 일을 하라는 게 '날림'으로 건성건성 하라는 의미는 절대 아닙니다. 다만 '일도 못하면서 굼뜨기까지 하다.'는 최악의 평가만큼은 피하자는 의미입니다.

여러분, 당신의 상사는 지금 당신이 하고 있는 고민을 이미 다 겪어 본 베테랑입니다. '입사 초기부터 역사에 길이 남을 완벽한 업무 능력을 과시해 초고속 승진을 하겠다.'는 요량이 아니라면, 어지간하면 상사에게 결과물을 빨리빨리 제시하는 게 낫습니다.

혹시 '일을 빨리 처리하면 다른 일을 또 시킬지 모른다. 그러니 일을 다 완성하고도 일부러 천천히 보고한다.'는 생각을 하고 계신가요? 이건 정말 아닙니다. 업무를 빨리 처리한다는 이유로 자꾸 나한테 일을 시키는 상사가 있다면, 그건 여러분이 정말 회사 생활을 잘하고 있다는 방증입니다.

여러분이 두려워해야 할 것은 '저 친구는 일도 못하면서 느려터졌어.'라는 평가입니다. 그런 평가가 쌓이다 보면 어느 날 조직에서 정말 '별 볼 일 없는 사람'이 될 수도 있음을 명심해야 합니다.

Q 오늘도 왕창 깨졌어
A 꾸지람은 직장 생활의 비타민!

제가 전에 다녔던 직장 바로 옆에는 테이블 서너 개가 간신히 들어갈 정도로 아주 작은 주점이 있었습니다. 구내식당 이용하듯 직원들은 이곳에서 자주 술을 마시곤 했습니다.

재미있는 점은 주점 사장님이 회사 내부 사정을 직원들보다 더 훤히 꿰고 있다는 것. 직원들이 날이면 날마다 삼삼오오 이 작은 주점에서 술을 마시며 상사들에 대한 소위 '뒷담화'를 나누다 보니, 주점 사장님 귀에 회사 얘기가 안 들어갈 리 없었던 것입니다. 나중에는 단골들에게 "요즘 ○○○이 덜 괴롭히냐."라며 먼저 위로해 줄 지경에 이르렀습니다.

여러분 직장은 어떤가요. 직장 인근에 자주 가는 이런 '뒷담화 전용 술집'이 있지는 않나요. 직장에서 속상한 일이 있거나 상사가 꾸짖었을 경우, 부하 직원들은 주로 술자리에서 스트레스를 풉니다. 그래서 '대한민국 최고의 안주는 직장 상사'라는 우스갯소리도 있나 봅니다.

욕먹지 않는 직장인은 없다

부끄러운 얘기지만, 나이로 보나 입사 연차로 보나 어느덧 직장에서 중간 자리에 올랐지만 여전히 윗분들한테 꾸지람 혹은 지적을 들을 때가 적지 않습니다. 제 딴에는 '이만하면 되겠지.'라며 처리한 일들이 윗분들 보기에는 미흡한 경우가 있고, 제가 미처 생각지도 못했던 부분에서 말썽이 생겨 책임을 추궁당하기도 합니다.

어디 혼나는 게 저 하나뿐이겠습니까. 제 상사는 그 윗분한테 혼나는 경우가 적지 않고, 그 위에 계시는 분은 또다시 그 위의 분에게 꾸중을 듣고……

직장 생활이라는 게 학교나 가정과 달리 반드시 수행해야 할 업무가 있고, 그 업무가 원활하게 진행되지 않을 경우 누군가는 책임을 져야 합니다. 그래서 상사는 부하 직원을 채근하거나 꾸짖을 때가 많고, 부하 직원은 다시 그 아래 직원에게 '꾸중의 대물림'을 하게 됩니다. 임원은 부장에게, 부장은 차장에게, 차장은 과장에게, 과장은 대리에게, 대리는 사원에게 점점 더 심한 강도로 꾸중하게 됩니다.

그렇다면 회사에서 가장 높은 지위에 있는 사장님은 질책받을 일이 없으니 좋겠다고요? 전혀 아닙니다. 실적이 좋지 않거나 문제가 발생했을 경우 최고 경영자 역시 주주 혹은 사회로부터 엄중하게 책임을 추궁당합니다.

이처럼 상사로부터의 꾸짖음은 누구도 피할 수 없는 '직장인의 숙명'이라고 할 수 있습니다. 질책하는 상사와 속상해하는 부하, 얼음장처럼 차가워지는 사무실 분위기……. 어느 직장에서나 볼 수 있는 흔한 풍경입니다.

상사한테 혼나더라도 슬퍼하거나 노여워하지 마라

여기서 여러분이 한 가지 잊지 말아야 할 것은 상사에게 질책당한다고 해서 너무 상심하거나 반감을 품으면 안 된다는 사실입니다.

물론 까닭 없이 부하 직원을 질책하거나 업무와는 별 상관없는 사소한 일을 트집 잡아 부하 직원을 괴롭히는 악마 같은 상사는 어느 직장에나 존재합니다.

그러나 대부분의 경우, 상사들이 부하 직원을 까닭 없이 혼내지는 않습니다. 업무상 실수 혹은 미흡한 점이 있거나, 근무 태도가 마뜩지 않을 경우 질책을 합니다. 거꾸로 말하면, 상사가 지금 내게 쏟아내는 저 지적들은 앞으로 긴긴 시간 동안 직장 생활을 해 나가면서 반드시 고치거나 보충해야 할 점을 알려 주는 소중한 비타민입니다.

지금 당장은 화가 나고, 억울하고, 생각 같아서는 저 상사 입에 양말 짝이라도 물리고 싶을 정도로 분노가 치밀겠지만 생각을 한 번만 바꿔 보면 어떨까요.

'저 사람은 나에게 도움을 주려는 거다.' '상사가 지적하는 이 부분만 고치면 나는 더욱 완벽한 사원이 될 것이다.'라는 식으로 말입니다. 분노와 억울함을 나만의 긍정 에너지로 바꿔 보자는 의미입니다.

어차피 직장 생활 하다 보면 상사로부터 질책받는 일은 일상다반사이고, 그때마다 술자리 '뒷담화'나 화장실 통곡으로 상사를 저주해서는 본인에게 별 소득이 없습니다. 당장 속은 시원할지 몰라도 근본적인 해결책은 될 수 없기 때문입니다. 그 원수 같고 악마 같은 상사가 사라진다 해도 내가 가진 문제점들이 고쳐지지 않는 한, 얼마 안 가 질책은 다시 반복될 수밖에 없습니다.

견디고 고쳐 나가면 해방의 날 오리니

특별한 경우가 아니라면, 동일한 직장 상사와 평생 함께 근무하는 사람은 없습니다. 때로는 천사 같은 상사를 만날 때도 있고, 때로는 시어머니보다 더 독한 상사를 만날 수도 있고, 때로는 사이코패스처럼 이상한 성격을 가진 상사를 만날 수도 있습니다. 인생사가 다 그렇듯 직장 생활 역시 어떻게 보면 복불복입니다.

중요한 것은 어떤 상사를 만나서 어떤 질책을 받든 간에, 그 질책과 꾸지람을 '나를 키워 주는 비타민'으로 전환할 수 있어야 한다는 점입니다. 그게 본인한테도 도움이 되고, 앞으로 계속 얼굴 맞대고 일해야 하는 상사와의 인간관계에도 좋습니다.

그렇지 않다가는 주점 사장님 눈에조차 '늘 상사 탓만 하고 발전은 없는 존재'로 비칠 수 있습니다.

상사가 질책했다고 해서 너무 억울해하거나 분노하지 마세요. 저 사람도 이유가 있어서 나를 혼내고 있는 것입니다. 상사가 질책하는 점을 고쳐 나가면 더욱 훌륭한 엘리트 사원이 될 수 있습니다.

지금 당신을 혼내고 있는 저 상사, 당신을 크게 키워 주려는 도우미입니다.

Q 회식, 꼭 가야 하나?
A 본인 상(喪)이 아니라면 무조건 참석하라

왜 상사들은 자기 마음대로 회식 날짜를 정할까

"너무 늦게 연락을 돌려 미안합니다. K 고문께서 새로 입사하신 분들 상견례차 내일 저녁에 술 한잔 사신다고 합니다. 가급적 모두 참석해 주시기 바랍니다. 혹시 선약 있으신 분들은 일정 조정해 주시면 좋겠습니다."

점심을 먹고 오후 업무를 시작하려는 찰나, 직장 상사가 단체 이메일로 이런 내용을 보내왔습니다. 입사한 지 얼마 안 되는 저를 포함해 몇몇 직원들을 따로 불러 회식을 시켜 주겠다는 취지의 메일이었습니다.

순간 머리가 복잡해집니다. 하필 내일 저녁에는 오래전부터 잡아 놓은 선약이 있기 때문입니다. 친구들과의 모임이기에 약속을 미루자는 양해를 구하는 데는 큰 어려움이 없다는 게 다행이라면 다행이랄까.

여러 가지 경우의 수가 떠오릅니다. 그냥 선약이 있다고 상사에게 양해를 구한 뒤 친구들 모임에 나갈 것인가. 아니면 선약을 깨고 회식에 참석할 것인가. 눈치상 나 하나쯤 빠져도 티 안 나는 분위기라면 원래대로 친구들 모임에 가도 되지 않을까. 아니면 이번 기회에 회사 윗분들한테 확실히 얼굴도장 찍어 볼까.

'상사들과의 불편한 회식'이냐 '배꼽 친구들과의 편한 술자리'냐라는 얄팍한 계산도 선택의 주요 변수로 머리를 어지럽힙니다.

회식 vs. 선약

여러분이라면 어떤 선택을 하겠습니까?

처음 직장에 들어가면 이런저런 환영회 자리가 참 많습니다. 입사 초창기에는 '아무것도 모르기 때문에' 오라는 곳이면 무조건 따라가서 조용히 회식에 참여하는 경우가 많습니다. 신입사원의 패기를 보여 줘야 한다는 의무감 속에 괜히 정 자세로 앉아 상사들이 주는 술이라는 술은 모조리 원샷으로 마시게 됩니다.

그러다 몇 개월 지나 보면, 이제 슬슬 꾀가 나기 시작합니다. 백날 회식에 따라가 봤자 몸만 상할 뿐, 직장 생활에 즉각적으로 도움이 되지 않는다는 사실을 깨달은 것입니다. 회식을 피하기 위한 핑계도 점점 다양해집니다. 일 년에 이틀이어야 할 부모님 생신이 두세 달에 한 번씩 돌아오고, 멀쩡해 보이는 윗니 아랫니 치료에, 사랑니는 수시로 뽑아 댑니다. 더 이상 핑계 거리가 없다 싶으면, 회식 당일 아침부터 상사가 보란 듯이 화장실을 들락날락하면서 급성 장염이 찾아왔음을 큰 소리로 알립니다.

이렇게 온갖 핑계를 동원해 회식에 불참하는 데 성공해도 뒷맛은 개운치 않습니다. 혹시라도 상사한테 찍힌 것은 아닐까, 나에 대한 뒷말이 나오지는 않았을까……

회식은 업무의 연장선상이다

직장 생활 처음 하는 신입사원에게 회식은 은근히 신경 쓰이는 문화입니다. 학창 시절까지는 회식이 친구들과의 즐거운 자리를 의미하지만, 직장에서의 회식은 엄밀히 따지면 업무의 연장선상이기 때문입니다.

그래서인지 회식에 대한 고충을 토로하는 분들이 꽤 많습니다. 가뜩이나 피곤해 죽겠는데 늦은 밤까지 또 회식해야 하느냐는 불만이 대부분입니다. 특히 "우리 팀 고생한다고 ○○○ 실장님께서 저녁 사 주신다고 하니 모두 참석하세요."라는 말, 들어 보신 분들은 알겠지만 머리로는 이해되는데 마음속으로는 은근 짜증 납니다.

'아니, 고생하는 직원들 격려해 줄 생각이면 그냥 그 돈으로 금일봉이나 주시지 뭔 또 술고문이냐.'라는 유의 짜증이죠.

그러나 어쩌겠습니까.

억울하면 출세하라고, 우리가 고위층이 아닌 이상 몸이 피곤하든 파김치가 되든 울며 겨자 먹기로 회식에 참석할 수밖에 없습니다.

최소한 성의는 보이라

자, 여기서 여러분이 반드시 기억할 게 있습니다.

회식에 참석하든 불참하든 회식 주최자가 충분히 양해할 수 있을 만큼 '열의와 정성'을 보여 주라는 것입니다.

짧은 경험이었지만 공기업 재직 시 팀장 생활을 반년 정도 해 봤는데, 팀장으로서 가장 고민되는 문제 중 하나가 바로 회식이었습니다. 회식을 하자고 하면 팀원들이 좋아할지 싫어할지, 한다면 날짜는 언제로 해야 할지, 팀 예산이 얼마 남았는지, 음식 종류는 뭐로 하고 2차는 어디로 가야 할지 고려할 게 한둘이 아닙니다.

팀원들이 '참석이냐 도망이냐.'를 놓고 고민할 때, 회식을 주최하는 상사는 그 몇 배의 고민을 하고 있는 셈입니다. 이런저런 상황을 고려해 간신히 회식을 잡았는데, 막상 팀원 중 누구 한 명이라도 불참을 통고해 오면 솔직히 섭섭하더군요. 물론 그 팀원 역시 불가피한 사정이 있다는 점을 뻔히 알면서도, 섭섭한 마음이 드는 것은 어쩔 수 없는 일이었습니다.

그래서 혹시 불참하더라도 '열의와 정성'을 보여 주는 게 중요하다는 조언을 드리고 싶습니다. 단순히 "팀장님, 그날 선약이 있어서 못 갈 것 같네요."라고 말하는 것보다 "불가피한 선약이 있지만, 2차라도 꼭 합류하도록 최대한 노력해 보겠습니다."라고 말하는 게 듣는 상사 입장에서는 훨씬 마음이 편합니다.

그렇다고 회식 당일 2차 자리로 옮긴 뒤 "김 주임이 오늘 2차에라도 꼭 온다고 했으니, 어디 있는지 전화해서 이리로 오라고 해."라며 끝까지 물고 늘어지는 상사는 그리 많지 않을 것이라고 생각합니다. 통상 "김 주임한테 전화 한번 해 봐."라고 물은 뒤, 아직 저쪽 모임이 안 끝났다고 하면 더 이상 오라는 소리를 안 하는 상사들이 대부분이죠.

물론 제가 지금까지 말씀드린 내용의 전제는 상사가 보기 드문 독사 스타일이 아니어야 한다는 점입니다. "그래, 그날 2차에 당신이 합류하는지 안 하는지 내가 꼭 지켜볼 거야. 어디 정말 오는지 두고 보자."라는 식의 독종은 아니어야 한다는 뜻입니다.

만일 저런 상사라면 회식 참석이냐 불참이냐를 놓고 고민할 필요조차 없습니다. 시쳇말로 본인 상(喪)이 아니라면 무조건 참석해야 합니다. 안 그러면 직장 생활 정말 피곤해지니까요.

회식, 어쨌든 가는 게 좋다

한 가지 더, 조금 답답한 소리처럼 들릴지 모르지만 회식 통고가 내려오면 불편한 마음이 일지라도 어쨌든 참석하는 게 좋다고 생각합니다. 아무리 업무 성과와 지표로 인사 평가를 한다 해도, 결국 평소에 상사와 긴밀한 인간관계를 맺은 사람들이 성공하는 게 한국 사회의 엄연한 현실입니다. 술자리만큼 서로 속내를 털어놓을 수 있는 자리도 많지 않으니까요.

이 또한 지나가리라

또 이왕 참석했으면, 마치 '이 회식 자리를 마련해 주셔서 얼마나 감사한지 모르겠다.'는 양 신나게 웃고 떠들면서 즐기면 더 좋겠죠. 회식 참석하는 직원들도 상사 눈치를 보지만, 자리를 주재한 그 상사 역시 안주는 잘 고른 건지, 괜스레 돈은 돈대로 쓰고 뒷말이나 듣는 건 아닌지 은근히 신경 쓰이기 때문입니다. 친구들 생일 파티가 아닌 이상, 직장이나 조직에서의 회식은 마련하는 사람이나 참가하는 사람이나 어느 정도 불편함은 감내할 수밖에 없다는 의미입니다.

맨 처음 얘기로 돌아가서, 저는 그날 친구들 모임 대신 K 고문이 주재한 회식에 참석해 새벽 한 시까지 열심히 탬버린 치며 음주 가무를 즐겼습니다.

'왜 상사들은 꼭 자기들 마음대로 회식 날짜와 메뉴를 정할까?'

'왜 꼭 하루 이틀 전에 급하게 회식을 통고해 선약 있는 직원들을 난감하게 만들까.'

투덜거림과 짜증이 살짝 밀려오긴 했지만 "이 또한 지나가리라."라는 솔로몬의 말을 안주 삼아 제 인생 또 한 번의 술자리를 그렇게 보냈답니다.

제가 아는 후배가 올해 초 외국계 기업에 입사했습니다.

일이 많아 여름휴가는 쓰지 못했고, 대신 추석 연휴에 연차를 붙여 2주간의 유럽 여행을 계획했습니다. 6월부터 인터넷을 뒤져 숙소와 비행기를 예약했다고 합니다.

문제는 팀장이 과연 휴가철도 아닌 가을에, 그것도 장기 휴가를 허락해 줄 것인가 하는 점이었습니다. 팀장은 평소 입으로는 "가고 싶으면 가라."고 했지만, 눈빛은 '네가 정말 갈 수 있나 보자.'며 레이저 빔을 쏘아대더랍니다. 고민하던 후배, 결국 최후까지 고심하다 막판에 비행기 표를 취소했습니다.

여러분이 근무하는 사무실은 어떤가요?

아마 이런 팀장 같은 상사들이 한두 명은 꼭 있지 않을까 싶습니다. 여러분이 이 후배였다면 어떻게 행동하실 건가요.

저 후배처럼 고민하다 막판에 티켓을 취소? 에라 모르겠다 휴가 신청? 애초에 그런 계획을 안 세워?

휴가, 그것이 문제로소이다

직장 생활 하다 보면 휴가 사용 때문에 은근히 신경 쓰일 때가 많습니다. 요즘 대부분 회사들은 '연차 휴가 의무 소진'이라는 제도를 운용하고 있습니다. 일괄적으로 '1년에 ○○일은 의무적으로 쉰다.'라는 규정을 정해 놓는 제도입니다.

원래 이 제도의 취지는 직원들의 권익을 보호하기 위한 것으로 알고 있습니다. 일이 바빠서 혹은 상사 눈치 때문에 자신이 누려야 할 연차, 월차를 제대로 사용하지 못하는 폐단을 막기 위한 조치입니다. 연·월차 휴가를 직원들이 사용하지 않으면 회사가 그만큼 금전적 보상을 해 줘야 하므로, 회사에서는 경비 절감 차원에서라도 직원들에게 휴가 사용을 적극적으로 권장합니다.

그러나 이는 제도적 차원에서의 얘기일 뿐, 실질적으로 본인이 사용할 수 있는 연·월차 휴일을 100퍼센트 사용하는 직장인은 여전히 그리 많지 않습니다. 물론 일부 회사들은 휴가 사용 현황을 면밀히 체크, 부하 직원들의 연·월차 사용을 허락해 주지 않은 부서장들에게 인사상 불이익을 주기도 합니다. 하지만 상당수 회사에서는 여름 휴가철이 아닌, 평상시에 휴가를 내려면 윗분들 눈치를 봐야 하는 경우가 많습니다.

능력 있는 그분이 승진을 못하는 이유

제가 아는 분은 소속 회사에서 비교적 고위직에 속하는 분입니다. 워낙 실력이 출중한 데다, 인품까지 좋은 평가를 받던 분입니다. 그러나 어찌 된 일인지 더 이상 승진은 하지 못한 채 현재 직위에서 몇 년째 정체해 있습니다. 분명 지금 자리도 고위직이기는 하지만, 그분의 실력을 감안하면 진작에 더 높은 자리로 승진했어도 이상하지 않을 만한 분입니다.

그 이유를 나중에야 알았습니다. 이분이 평소에는 정말 일을 열심히 하고, 업무 능력도 갖췄지만 결정적으로 회사에서 필요로 할 때 자주 자리를 비워 사장에게 미운털이 박혔다는 것입니다. 회사에 위기가 닥쳐 다른 임원과 직원 들은 야근을 불사할 때, 기러기 아빠였던 이분은 "미국에 있는 자녀를 보러 가야 한다. 몇 달 전부터 계획한 것이라 취소하기가 힘들다."라며 휴가를 내는 식이었습니다.

처음 몇 번이야 그러려니 하고들 넘어갔는데, 이런 일이 자주 벌어지다 보니 남들이 안 좋은 시선으로 바라보기 시작했습니다. 결국 사장에게도 안 좋은 인상을 남기게 됐다고 합니다. 남들은 이분이 왜 더 이상 승진을 못하는지 알고 있는데, 정작 본인만 그 이유를 아직도 모르는 것 같다고 합니다.

근로자의 권리냐, 상사의 눈칫밥이냐

여러분, 휴가 사용은 근로자의 당연한 권리입니다.

내 휴가 내가 쓰겠다는데 이를 못마땅해하는 상사가 있다면, 그 상사는 분명 속 좁은 상사이며 후배를 아끼지 않는 상사입니다.

하지만 여러분이 그 상사를 평가하는 게 아니라 그 상사가 여러분을 평가한다는 게 함정입니다. 흔히 말하는 것처럼 '아니꼽고 더럽고 짜증 나도' 상사 눈치를 볼 수밖에 없는 것이 모든 직장인의 숙명입니다. 휴가 사용 여부 또한 그 숙명에서 벗어나지 않는 문제입니다.

만약 상사가 부하 직원들 휴가 사용에 대해 그다지 신경 쓰지 않는 인물이라면, 여러분도 별 고민하지 말고 휴가를 사용하면 됩니다.

하지만 대부분 상사들은 그렇지 않습니다. 부하들 휴가 사용에 대해 은근히 눈치 줄 때가 많고, 심지어 "○○ 씨, 그렇지 않아도 지금 회사 업무가 많은데 꼭 가야 하나?"라는 식으로 명시적으로 휴가 사용을 막는 분들도 많습니다.

그럼 회사는 누가 지키지?

특히 명절 연휴, 징검다리 연휴 때 휴가 문제를 놓고 상사들과 은근한 신경전을 벌이는 경우가 비일비재합니다. 저 빨간 휴일들 가운데 톡 박혀 있는 까만 평일 하루. 저 날짜에만 휴가를 내면 무려 일주일을 푸~욱 쉴 수 있을 텐데…….

그런데 여러분, 그런 달콤한 생각을 여러분만 하고 있을까요?

절대 아닙니다.

그런 즐거운 상상은 여러분뿐 아니라 바로 위에 있는 대리님도, 그 위 과장님도, 그 위 차장님도, 그리고 저 근엄한 부장님도 다 같이 하고 있습니다.

다들 상상만 할 뿐 차마 쉬겠다는 말을 못하고 있을 때, 여러분이 당당히 "상사님들, 이번 징검다리 평일에는 제가 쉬겠습니다!"라고 당당히 외쳤다고 상상해 보십시오. 윗분들의 따가운 시선이 느껴지나요?

무조건 휴가를 반납하며 회사에 목숨 바쳐 일할 필요는 없습니다. 어차피 회사는 여러분이 일한 만큼 보상해 줄 뿐이니, 잔 다르크가 되어 온몸을 바쳐 일할 필요는 전혀 없습니다.

다만 사무실 분위기를 감안해 행동할 필요는 있습니다. 괜스레 휴가 문제 같은 부차적인 문제로 윗분들한테 찍힐 필요는 없습니다.

때로는 상사를 구워삶는 지혜가 필요하다

처음 말씀드린 '유럽 여행' 사례의 경우 다양한 선택지가 있겠지만, 만일 제가 저 후배였다면 팀장을 조금 더 '구워삶아' 비행기에 올랐을 것 같습니다.

예컨대 단순히 "팀장님, 저 해외여행 가야 하니 이번 징검다리 연휴 때 휴가 쓰겠습니다."라는 방식이 아니라, 다소 구차하더라도 장문의 이메일을 팀장에게 보내는 것은 어떨까요.

'팀장님, 여차저차해서 사실 여름휴가도 못 다녀 왔습니다. 이번에 연차를 내게 돼서 너무 송구스럽지만, 팀장님처럼 너그러운 분이 계시니 천만다행으로 생각하고 휴가원 내겠습니다. 다녀와서 더욱 열심히, 팀장님이 빛날 수 있도록 물심양면 보필해 드리겠습니다. …… 참, 팀장님 좋아하시는 양주 한 병 면세점에서 꼭 챙겨오겠습니다.'

내용이 조금 오글거리면 어떻습니까. 너무 비굴하지만 않다면, 오글거림을 통해 엄청난 성과를 얻어낼 수 있다면, 저런 식으로라도 한번 해 봐야죠.

내가 쓸 돈도 없는데 양주 선물이 웬 말이냐고요? 남성들이 가장 즐겨 찾는 17년산 양주, 기내 면세점에서 6만원이면 삽니다. 피같이 아까운 돈이겠지만 '대업'을 이루기 위해서 그 정도 투자는 감내할 각오가 돼 있어야 합니다.

만일 저 정도 살랑거림에도 분노를 풀지 않는 상사가 있다면 어떻게 해야 하느냐……. 당연한 말이지만, 그 정도 상사라면 알아서 꼬랑지 내려야 합니다. 더 찍히기 전에 빨리 휴가 계획 취소하는 게 상책입니다.

용감한 막내의 최후

막판까지 눈치 보다 결국 여행 포기한 제 후배, 이 사건으로 미운털이 단단히 박혀서 이후 회사 생활이 상당히 힘들었다고 합니다. 결국 그해 연말 다른 회사로 이직했습니다.

이런 속 좁은 상사는 3대를 멸해야 분이 풀리겠지만, 그런 상사의 속 좁음을 사전에 인지하지 못한 채 장기 휴가를 꿈꾼 제 후배도 어느 정도는 책임이 있지 않을까 하는 생각이 듭니다.

여러분, 열심히 일한 만큼 마음껏 쉬십시오.

다만 내가 쉴 만큼 열심히 일을 했는지, 지금 이 순간 연차를 내고 장기 휴가를 다녀와도 될 만큼 사무실 분위기가 부드러운지는 여러분이 아니라 상사들이 판단한다는 사실을 늘 염두에 두시기 바랍니다.

어쩌겠습니까.

그런 불합리를 참는 대가가 바로 우리 월급에 포함된 것을.

Q 지각하는 게 그렇게 큰 죄인가?

A 죄는 아니지만 네 손해다

직장 생활 10여 년 동안 이런저런 경험을 해 봤지만, 부하 직원을 평가하는 일은 딱 한 번 해 봤습니다. 공기업에서 팀장을 맡았을 때였습니다. 규정상 반드시 최고 등급과 최하 등급을 누군가에게는 줘야 하므로 여간 어려운 일이 아닐 수 없었습니다. 과연 누구에게 최고 등급을 줄 것인가. 반대로 최하위 등급을 받는 팀원은 인사와 성과급에서 손해를 볼 텐데 과연 그런 대우를 받을 정도로 다른 팀원에 비해 정말 업무 처리를 못한 것일까.

조직을 이끄는 리더 입장에서 팀원들을 보게 되면, 특별한 경우를 제외하고는 대부분 업무 실력이 오십보백보로 보이기 마련입니다. 스티브 잡스나 아인슈타인급 인재가 아니라면, 다른 동료 직원보다 특출나게 일을 잘할 리도, 특별히 못할 까닭도 없기 때문입니다.

제가 맡고 있던 팀원들 역시 마찬가지였습니다. 제가 보기에는 딱히 뛰어난 팀원도, 그렇다고 뒤처지는 팀원도 없었습니다. 하지만 규정상 반드시 차등을 둬야 했기에 결국 등급을 나눠 점수를 줬습니다.

인사 평가에 반드시 포함되는 항목, 근태

이때 중요한 평가 잣대로 삼은 항목이 바로 근태였습니다. 평소 지각을 많이 한 직원에게 낮은 평가 등급을 주기로 결정한 것입니다. 근태의 사전적 의미는 출근과 결근이지만, 제가 이 글에서 말하는 근태는 지각, 조퇴, 근무 시간 중 자리 비움 등을 총괄적으로 포함하는 개념입니다.

'회사 좀 늦는다고 평가를 박하게 주나? 너무한 것 아닌가?'라는 반문을 할 수도 있습니다.

그러나 제 생각은 달랐습니다. 어차피 업무 능력이 엇비슷하다면, 평소 얼마나 근면 성실한 팀원이었느냐를 평가하는 게 가장 객관적이라고 생각했습니다. 그리고 그 핵심 잣대로 근태를 꼽은 것입니다.

지각하는 사람치고 일 잘하는 사람 흔치 않다

물론 회사에 지각 좀 한다고 해서 늘 업무 실적이 나쁜 것은 아닙니다.

그러나 그 반대의 경우, 결과는 분명합니다.

회사에 지각을 자주 하는 사람이 업무 실적이 좋은 경우는 거의 보지 못했다는 의미입니다. 제가 여러 직장을 다녀 봤지만, 이는 모든 직장에서 통용되는 얘기였습니다. 지각과 결근을 자주 하는 직원, 뚜렷한 이유 없이 자리를 장시간 비우는 직원은 그렇지 않은 직원에 비해 업무에 대한 열정이 높지 않은 경우가 많았습니다. 당연한 얘기지만 업무 성과도 떨어지기 마련이고요.

물론 그 직원들 처지에서는 '이런저런 구실'이 있을 것입니다.

집이 너무 멀어서, 아침잠이 많아서, 자리에 오래 앉아 있으면 허리가 아프고 흡연 욕구가 생겨서, 화장을 자주 고쳐야 해서, 집에 대소사가 많아서…….

그러나 그런 어려움을 딛고서 직장에 제 시각에 나와서 근무하고 집에 귀가하는 게 바로 이 사회의 기본 규칙입니다. 우리가 받는 월급에는 그런 노고에 대한 보상이 포함돼 있다는 것을 명심했으면 합니다.

근태 관리는 성공을 위한 필요조건

흔히 접하는 성공한 리더들의 자서전이나 경험담을 읽어 보면 십중팔구는 남보다 부지런하고, 근태 문제에 충실했다는 사실을 알 수 있습니다.

이들이 단순히 회사에 빨리 나왔다거나 자리에 오래 앉아 있었다고 출세한 것은 분명 아닐 겁니다. 남들보다 두뇌가 명석하다든가, 창의성이 탁월하다든가, 인맥이 넓다는 식으로 장점이 여러 가지 있었을 것입니다.

하지만 아무리 남보다 탁월한 장점을 가진 직원이라도 근태 문제 같은 기본적인 부분에서 마이너스 평가를 받기 시작하면, 자신이 가진 능력을 채 펼치지도 못한 채 조직에서 도태될 수 있습니다. 근태는 직장 생활에서의 성공을 위한 충분조건은 아니지만 필요조건이 될 수 있습니다.

당신의 정시 출근을 위하여!

다시 한 번 강조하지만, 근태가 좋다고 회사에서 큰 이득을 보지는 않습니다. 남보다 일찍 출근한다고 해서 반드시 승진이 보장되는 것도 아닙니다.

그러나 남보다 게으르고 지각이 잦은 직원은 반드시 불이익을 받게 돼 있습니다. 지각이 죄는 아니지만 본인에게 결국 큰 손해로 돌아온다는 사실을 반드시 기억했으면 합니다.

경찰서에 던져진 수습기자들이 살아남는 법

회사 연수원 혹은 사무실 내에서 신입 교육을 받는 여느 직장인들과 달리, 기자들은 경찰서를 돌며 신입 교육을 받습니다. 경찰서는 온갖 사건이 다 모여드는 취재 제1선이기 때문에 기자 세계에 입문한 '초짜 기자'들은 경찰서에서 보통 6개월가량 머물면서 사건을 취재하게 됩니다.

그렇지만 학교를 졸업하고 이제 막 기자 생활을 시작한 새파란 수습기자에게 경찰서는 그리 호락호락한 장소가 아닙니다. 산전수전에 공중전, 온라인 배틀까지 다 겪은 경찰들 입장에서는 조카뻘밖에 안 돼 보이는 앳된 수습기자들이 말 그대로 '햇병아리'로 보일 수밖에 없습니다. 한창 피해자 진술서나 사건 조서를 쓰고 있는데 초짜 기자가 달라붙어 "이게 무슨 사건이냐." "상세한 얘기 좀 해 달라." "이거 기사로 써 봐야겠으니 범인과 인터뷰 좀 하게 해 달라."고 치근덕거리면 경찰도 귀찮겠죠.

반면 기자들 입장에서는 하나라도 더 사건 관련 팩트(Fact)를 캐내야 좀 더 좋은 기사를 쓸 수 있습니다. 결국 기자와 경찰 사이에서는 이런저런 갈등이 벌어지고 때로는 언쟁이 발생하기도 합니다. 이런 과정을 익히 알고 있는 선배 기자들은 신입들에게 단단히 주의를 줍니다.

"경찰서에 취재 나가거든 절대 기죽지 마라. 경찰이 조서를 안 보여 준다고 그냥 물러나면 그건 기자도 아니다. 끝까지 물고 늘어져라. 경찰들에게는 무조건 형님이라고 부르면서 달라붙어라. 필요하면 경찰들과 멱살잡이라도 해야 한다."라는 식입니다.

미션! 타 부서의 협조를 얻어 내라

언론사는 조금 특수한 상황이기는 합니다만 사람 사는 곳, 따지고 보면 다 거기서 거기입니다. 언론사처럼 신입 때부터 다른 외부 조직과 강하게 부닥쳐야 하는 업종이 있는가 하면, 회사 내부에서 다른 부서와 갈등을 겪는 상황도 자주 발생합니다. 직장 생활 하다 보면 다른 부서와 협업할 일이 자주 생기기 때문입니다. 공식적인 회사 업무 때문에 협조를 구할 때가 있고 때로는 개인적인 사유로 타 부서 직원에게 문의할 때가 있습니다.

신입사원이라고 예외는 아닙니다. 아직 전반적인 업무 과정에 익숙지 않기 때문에 이 부서 저 부서 기웃거려야 할 때가 적지 않습니다. 그 과정에서 뜻하지 않게 마음의 상처를 입거나 스트레스 받는 일이 비일비재

합니다.

신입이라고 얕잡아 보는 것은 아닐까?

아는 분한테 전해 들은 사례 하나 소개해 드릴까 합니다.

회사에 입사한 지 이제 막 3개월이 지난 햇병아리 사원 L씨가 있었습니다. 업무 특성상 다른 부서로부터 협조를 구해야 하는 일이 잦았다고 합니다. 문제는 타 부서 직원들이 자신의 요구 사항을 대충대충 처리하는 것 같아 속이 상할 때가 적지 않았다는 점입니다. 타 부서 직원들은 당초 약속했던 시한을 지나 피드백을 준다거나, 부실한 자료를 건네주는 경우가 많았습니다.

성질 같아서는 '신입이라고 얕잡아 보는 것이냐.'라며 한판 붙고 싶지만 타 부서 직원들은 나이로 보나 경력으로 보나 L씨보다 한참 윗사람들. 게다가 본인이 생각해도 업무 처리 과정이 미숙하고 속도가 느린 것도 사실이라, L씨는 이러지도 저러지도 못한 채 속으로만 끙끙 앓았다고 합니다.

중간급 사원 사이에서도 흔한 일

L씨가 겪고 있는 저 갈등 상황, 직장에서는 흔한 일입니다. 비단 신입 사원뿐 아니라 입사한 지 십몇 년 된 중간층 사원 사이에서도 흔히 벌어지는 일입니다. 아무리 같은 회사라고 해도 각 부서 간에는 보이지 않는 장벽이 존재하고, 심지어 서로 사이가 좋지 않아 만나기만 하면 으르렁대

는 부서들이 꽤 있습니다.

보통 어떻게든 비용을 줄이려는 예산 부서와 일정 부분 비용을 투입하더라도 실적을 올려야 하는 마케팅 부서가 대표적인 갈등 부서라고들 합니다. 회사 경영 전략을 어떻게든 기밀로 유지하려는 기획 부서와 언론 취재에 응대하기 위해 사내 이곳저곳에 자료를 요청해야 하는 홍보 부서 사이에도 미묘한 갈등이 늘 존재합니다.

처방 1 상사를 방패막이로 이용하라

자, 다시 L씨 사례로 돌아가 보면 이런 해법은 어떨까 싶습니다.

타 부서로부터 스트레스 받는 경우가 반복될 경우, L씨 본인이 직접 부닥치지 말고 상사를 방패막이로 이용하라는 조언을 해 주고 싶습니다.

아무래도 신입인 L씨가 타 부서 선배들에게 "부탁한 업무 처리를 빨리 해 달라, 자료를 보다 완벽하게 해 달라."라는 식으로 요구하는 것은 모양새가 좋지 않습니다. 더 나아가 상대방으로부터 자칫 '신입이 건방지다.'라는 오해를 살 수가 있습니다.

이럴 때는 자기 소속 부서 상사에게 대신 부탁을 하는 게 좋습니다. 예컨대 자기가 속한 부서 과장님한테 얘기해서, 그 과장이 상대 부서에 전화하게 만드는 방식입니다.

"어이 ○○씨 별일 없었어? 다른 게 아니라 엊그제 우리 부서 L씨가 부탁한 것 있지? 그건 좀 잘 부탁해. ○○씨가 빨리 처리를 해 줘야 L씨가 기안 완성해 나한테 보고할 수 있거든. 내 얼굴 봐서라도 잘 좀 부탁해.

나중에 밥 한번 먹자."

이렇게 되면 상대방 입장에서도 충분히 압박을 느껴 일을 대충 처리하지 못합니다. 덤으로 이런 부탁을 과장님한테 드리는 과정을 통해 호감을 얻을 수도 있습니다.

"과장님, 기획 부서 ○○ 대리한테 전화 좀 해 주세요. 제가 해도 되지만 과장님의 엄청난 파워로 압력 좀 팍팍 넣어 주세요."라는 식으로 과장님에게 부탁해 보세요. 부하의 이런 부탁, 뻔한 아부인 줄 알면서도 싫어할 상사는 없습니다.

처방 2 스킨십으로 해결하라

그렇다면 회사 규모가 작아 본인이 직접 타 부서 사람들과 자주 부닥쳐야 하는 경우는 어떻게 할 것인가.

'스킨십'을 통해 해결하는 것은 어떨까 싶습니다.

특별히 업무가 있을 때가 아니더라도 평소에 사무실도 놀러 가고 인사도 드려서 친분을 쌓아 놓으면 여러모로 편합니다.

저 같은 경우, 자주 협업을 해야 하는 부서 분들과 우리 부서 직원들이 가끔 만나 소주잔을 기울입니다. 공식적인 미팅은 아니지만, 양쪽 부서 사람들끼리 만나 소주잔을 기울이면서 서로 업무 고충도 이해해 주고, 앞으로 서로 잘 부탁한다는 인사말도 나눕니다. 그렇다고 해서 당장 그 다음 날부터 크게 바뀌는 것은 없지만, 그래도 생판 모르는 타 부서 직원들에게 업무 협조 구하는 것보다는 훨씬 부드러운 상태에서 협업을 꾀할 수가 있습니다.

사이좋게 지내서 손해 볼 일 없다

여러분이 비록 지금은 A 부서의 신입사원이지만, 앞으로 B 부서로 이동할지, C 부서로 이동할지 미래는 아무도 모릅니다. 특별한 경우가 아니라면 통상 몇 년에 한 번씩은 부서 이동을 하게 됩니다. 바꿔 말하면 지금 타 부서 상사가 몇 년 후에는 내 직속 상사가 될 수도 있습니다.

업무상 편의를 위해서 뿐만 아니라 앞으로의 직장 생활을 위해서도 다른 부서 선후배들과는 두루두루 사이좋게 지내는 게 유리합니다. 사내 곳곳에 인맥을 구축해 놓으면 하다못해 올해 성과급은 얼마가 나오는지, 사내 대출을 잘 받으려면 어떤 서류를 준비해야 하는지, 여름휴가 때 콘도 신청은 어떻게 해야 당첨 확률이 높은지 등 일상의 소소한 정보라도 남들보다 빨리 얻을 수 있습니다.

반대로 '어느 부서의 신입사원 ○○은 싸가지가 없더라.'라는 소문이 나기 시작하면 정말 피곤해집니다. 어느 조직이나 마찬가지지만 회사에서도 사실 여부와 상관없이 그런 꼬리표가 달리면 본인만 손해 보기 마련입니다.

다소 억울하고 자존심 상할지라도 먼저 숙이고 들어가세요.

옆 부서 김 대리가 우리 부서 박 과장님과 똑같은 '직장 상사'라는 점을 잊지 마시길 바랍니다.

Q 왜 사소한 일로 트집을 잡는 걸까?

A 악마는 디테일에 있다

외교관들이 자주 하는 답변은?

정치부 기자 시절, 외교 안보 부처를 담당한 적이 있습니다. 특히 2000년대 중반, 베이징에서 열렸던 북한 핵 관련 6자 회담과 한미 자유무역협정(FTA) 협상 취재가 가장 기억에 남습니다.

당시 기자들이 "협상은 어떻게 되어 가고 있느냐."라고 물으면, 협상에 임하는 외교관들이 자주 하는 표현이 있습니다. 바로 '악마는 디테일에 있다.(Devil's in the detail.)'라는 서양 속담입니다.

겉으로 보면 협상이 잘 진행되고 있고, 회담 종료 후 발표하는 공동 의정서(또는 공동 선언문)를 봐도 양측이 서로 '윈윈'하는 결과를 얻은 것처럼 보입니다. 그러나 그 선언문을 한 구절 한 구절 자세히 뜯어보면 전혀 예상치 못한 장애물이 숨어 있기도 하고, 상대방 의도에 말려들었음을 뒤늦게 깨닫기도 합니다. 정말이지 악마는 아주 작고 세밀한 부분에 숨어 있는 셈입니다.

일반적으로 어떤 일이 외양상 별 이상 없이 잘 진행되고 있는 것처럼 보이지만, 실상을 들여다보면 세밀한 부분에서 예상치 못하게 어긋나는 경우가 상당히 많습니다. 이런 경우가 딱 '악마는 디테일에 있다.'라는 속담에 해당합니다.

외교 협상뿐만이 아닙니다. 일상에서 우리는 미처 신경 쓰지 못한 작은 부분 때문에 일 전체가 이상한 방향으로 전개되거나, 예상 밖의 결과를 낳는 것을 목격할 수 있습니다.

오탈자가 안겨 준 아찔한 기억

저 역시 디테일한 부분에 숨은 악마를 가볍게 여겼다가 진땀 흘린 기억이 있습니다.

언론사 최종 면접시험을 치를 때의 일입니다.

면접장에 들어서니 사장, 주필, 편집국장 등 임원진 대여섯 명이 앉아 있고 그들이 피워 대는 엄청난 담배 연기에 방안에서 눈을 뜨기 힘들 정도였습니다.(다른 기업들도 마찬가지였겠지만, 언론사들도 불과 몇 해 전까지는 다들 사무실 안에서 흡연을 했답니다.) 그렇지 않아도 가뜩이나 긴장한 상태에서, 담배 연기까지 엄청나게 흡입해 완전히 주눅든 저에게 한 면접관이 원자 폭탄급 질문을 했습니다.

"자네 입사 지원서 보니 본관이 남원 양씨라고 했는데, 남원의 '원'이

이 한자가 맞나? 남원의 원(原)에는 삼수(氵)변이 안 들어갈 텐데, 자네가 써 놓은 원(源)에는 삼수 변이 들어갔네. 이렇게 자기 본관도 모르면서 나중에 기사에 한자 쓸 일이 생기면 어쩌려고 그러나?"

남원의 '원'은 한자로 '原'이 맞는데, 제가 실수로 '源'이라 적은 것을 이 면접관이 예리하게 지적한 것입니다.

누가 상상이나 했겠습니까.

면접관이 제 본관 한문이 틀렸다고 지적할 줄~!

면접관의 지적을 받자마자 말문이 딱 막히면서 등골에 식은땀이 흘렀던 아찔한 순간이 지금도 생생하게 기억납니다.

확인하고 또 확인하라

여러분, 디테일에 숨어 있는 악마들을 절대 간과하지 마세요.

여러분이 지금 작성하는 엑셀 시트에 숫자 하나, 이메일에 맞춤법 하나 틀린 것을 결코 가볍게 생각해서는 안 됩니다. 그런 작은 실수 하나가 쌓이면 돌이킬 수 없는 큰 문제로 이어질 수 있습니다.

상사들은 바로 그런 점을 우려해 여러분이 작성한 보고서에 빨간 줄을 그어 댑니다. 사소한 실수 자체가 문제가 아니라, 그런 실수가 쌓였을 경우 발생할 큰 문제를 막기 위해 상사들은 잔소리를 해 대는 것입니다.

적당한 선에서 만족하지 마라

'Best'의 반대말은 'Worst'가 아니라 'Good'이라고 합니다.

어떤 일이 적당히 잘될 것 같고 좋은 쪽으로 결말이 날 것 같은 상태, 즉 'Good'이라는 상태에 만족하게 되면 결코 'Best'까지 이르지 못한다는 뜻입니다.

지금 여러분이 세운 계획 어디에 악마가 숨어 있는지, 한 번만 더 꼼꼼히 살펴보는 습관을 갖도록 노력해 보세요.

악마는 디테일에 있으니까요.

Q 이메일과 보고서, 어떻게 쓰면 좋을까?
A 두괄식으로 짧고 명쾌하게!

회사에 들어가면 이메일, 보고서 등 글 쓸 일이 많습니다. 이런 업무용 글쓰기에 익숙지 않은 분들 많을 텐데요, 이번 장에서는 보고서 쓸 때 알아 두면 좋은 팁을 드리고자 합니다.

Step 1 두괄식으로 작성하라

회사 보고서든 업무 이메일이든 가장 중요한 것은 '하고 싶은 말'이 뭔지 빠르고 정확하게 써야 한다는 점입니다. 두괄식 글이 미괄식보다 훨씬 효율적이기 때문입니다.

어느 직장이건 각종 보고서와 이메일이 넘쳐 납니다. 고위 임원일수록 하루에 읽어야 하는 보고서와 이메일이 많습니다. 서두에 강렬한 임팩트를 주지 못하면 읽는 분들이 제대로 기억조차 못 하는 경우가 허다합니다. 읽어 볼 시간조차 없는데 앞부분에 장광설로 주저리주저리 늘어놓은 보고서는 집중도가 확 떨어집니다.

한두 줄만 읽어도 '아, 이런 내용이구나.'라고 느낄 수 있도록 글을 써야 합니다. 서두에 자기가 하고픈 말을 쓰고, 점차 중요도가 떨어지는 글을 뒤에 배치하는 습관을 들여야 합니다.

Step 2 문장을 짧게 쓰라

글을 쓸 때 저지르기 쉬운 실수 중 하나가 바로 문장이 한도 끝도 없이 축축 처지는 것입니다. 하고 싶은 말은 많은데, 머릿속에 쉽게 정리가 안 되다 보니 문장이 무지막지하게 길어지는 문제입니다.

예컨대 이런 식입니다. 다음은 인터넷에서 본 자기소개서입니다.

> 수업 시간을 통해서 얻을 수 있는 학업 성적이 대학 생활의 전부가 돼서는 안 된다는 개인적 신념 아래 대학생 연합 봉사 동아리인 ○○ 회 활동 병행과 함께 도전하는 젊음이 긴 인생을 살아가는 훌륭한 토양이 될 수 있다는 진지한 고민이 있었기에 그때까지만 해도 남들은 쉽게 생각지 않았던 인터넷 창업을 통해 단순한 금전적 이득뿐 아니라 정말 소중한 삶의 경험을 얻을 수 있었습니다.

대충 뭘 말하고 싶어 하는지는 알겠습니다만, 언뜻 보기에도 '읽는 맛'이 확 떨어지는 문장입니다. 이 글을 쓴 분은 책만 보는 갑갑한 대학 생활 대신 봉사 활동과 인터넷 창업을 했다는 점을 강조하고 싶어 하는 것 같습니다. 하지만 그 많은 내용을 한 번에 풀어놓으려다 보니 문장이 몇 줄에 걸쳐 있습니다. 이럴 때는 글을 단문으로 짧게 쓰는 것이 훨씬 읽기 좋습니다.

> 학업 성적 올리기에만 집중하는 대학 생활을 하지는 않았습니다. 우선 ○○ 회 봉사활동을 병행했습니다. 대학생들이 연합해서 만든 봉사 동아리입니다. 도전하는 젊음이 긴 인생을 살아가는 데 훌륭한 토양이 될 수 있다는 고민 끝에 인터넷 창업에 나섰습니다. 당시로서는 흔치 않은 일이었습니다. 이를 통해 단순한 금전적 이득뿐 아니라 정말 소중한 삶의 경험을 얻을 수 있었습니다.

회사에서 쓰는 보고서 역시 마찬가지입니다.

> 이 같은 규제 변화는 현재와 같은 M/S를 유지하기 힘든 장애 요인이 될 것임이 분명한데 이를 적극적으로 대비하기 위하여 우선적으로 사내 T/F 구성을 적극 검토하며 필요시 유관 협회 등 외부 조력 그룹과의 적극적 연계 활동을 통해 부정적 요인이 확산되는 것을 방지하기 위한 노력을 해야 함.

이 글 역시 많은 내용이 단 한 문장에 담기다 보니 읽는 사람 숨이 턱턱 차오릅니다. 그냥 끊어서 쓰면 됩니다.

> 이 같은 규제 변화는 현재와 같은 M/S를 유지하기 힘든 장애 요인이 될 것임이 분명하

다. 이를 적극적으로 대비하기 위해 우선적으로 사내 T/F 구성을 적극 검토해야 한다. 필요시 유관 협회 등 외부 조력 그룹과의 적극적 연계 활동을 통해 부정적 요인이 확산되는 것을 방지하기 위한 노력을 해야 한다.

이런 식으로 짧게 끊는 게 읽기도 편하고 전달력도 높습니다.

Step 3 비문을 경계하라

문장에 비문은 없는지도 잘 살펴봐야 합니다. 주어와 서술어가 맞지 않는 문장, 수동과 능동이 혼용된 문장, 주어가 한 개 이상인 문장 등이 대표적입니다.

당 부서에서는 3분기 예산 절감 차원에서는 유류비 지원을 하지 않는 것으로 결정됐음을 고지합니다.

이 문장은 '부서에서는'이라는 단어와 '차원에서는'이라는 단어에 같은 조사를 쓰면서 어색한 비문이 돼 버렸습니다. 또한 '결정됐음'이라는 수동형 대신 '결정했음'이라는 능동형을 써야 올바른 문장이 됩니다. 글을 다 쓴 뒤 천천히 소리 내 읽어 보면 이런 실수는 쉽게 찾아낼 수 있습니다.

Step 4 해답을 제시하라

보고서를 쓸 때는 실무자로서 되도록 해답을 제시해 주는 게 좋습니다. 예를 들어 마케팅 관련 보고서를 쓸 때는 현재 상황은 어떻고, 경쟁 회사 전략은 어떤 것으로 추정되고, 소비자의 최근 동향은 어떻게 변하고 있다는 내용만 쓰면 대충 80점짜리 보고서는 됩니다. 거기에 더해 'So What', 즉 뭘 어떻게 하자는 것인지 해답을 제시해 줘야 100점짜리 보고서가 될 수 있습니다.

저는 회사에서 보고서를 쓸 때 '실무자 의견'임을 전제로 해답을 병기합니다. 윗분들이 보기에는 제 의견이 유치할 수 있고, 윗분들이 알고 있는 실제 상황과 배치될 수도 있습니다. 그러나 '해법'을 제시하는 보고서를 쓰려는 사람과 그저 현상을 정리해 보고서를 정리하는 사람과는 갈수록 실력 차가 날 수밖에 없습니다.

Step 5 리드미컬하게 쓰라

글도 음식처럼 읽는 맛이 있어야 합니다. 되도록 단문으로, 조사는 생략해서, 리드미컬하게 쓰는 습관을 들여야 합니다.

이번 조치를 **통하여** 기대할 수 있는 **최고의** 효과는…….

이 문장을 다음과 같이 바꿔 보면 어떨까요.

또 다른 예를 들어 볼까요?

아래 문장에서 괄호로 쳐 놓은 불필요한 조사를 생략하면 더욱 리드미컬한 문장이 됩니다.

위에 나온 사례에서 볼 수 있듯, '의'라는 조사는 생략해도 무방한 경우가 많습니다. 비슷한 예로 '하여'는 '해'로 간단하게 쓰면 됩니다.

Q 등산은 도대체 왜 가는 거야?
A 등산하는 이유를 찾으러 간다

혹시 등산 좋아하시나요?

저는 축구나 탁구, 수영처럼 활동량이 많고 순간순간 격렬하게 움직이는 스포츠를 좋아하기 때문에 등산처럼 장시간에 걸쳐 뭔가 여유 있게 천천히 움직이는 운동은 별로 즐기지 않는 편입니다.

평소 등산을 그다지 즐기지 않다 보니(정확히 말하면 등산을 싫어하다 보니), 1년에 등산하는 날은 정말 손에 꼽을 정도인데요, 그것도 제 스스로 원해서 올라가는 게 아니라 직장이나 모임에서 단체로 올라가자고 하면 등 떠밀리듯 가는 경우가 대부분입니다.

등산, 저도 참 싫어합니다만

얼마 전 재직 중인 회사에서 저를 포함해 경력직 신입사원들을 대상으로 며칠간에 걸쳐 교육이 있었습니다. 첫날 아침, 교육 일정표를 받아본 순간 딱 걸리는 프로그램이 있었습니다. 교육 일정 막바지에 등산이 포함돼 있더군요. 그렇지 않아도 집을 떠나 낯선 분들과 지내는 것도 은근히 스트레스 받을 만한 일인데, 별로 좋아하지 않은 등산까지 해야 하다니…….

며칠 뒤, 제가 좋아하든 안 좋아하든 등산은 시작됐습니다. 등산도 그냥 등산이 아니었습니다. 100여 명 정도인 교육생들을 몇 개 팀으로 나눴습니다. 팀별로 가상의 기업체를 만들고, 산 중간중간 미리 설치해 놓은 주요 포스트를 다니면서 가상의 물건을 사고팔면서 경영 활동을 하는, 일종의 '경영 시뮬레이션 게임'을 해야 했습니다. 팀별 경쟁이었던 것입니다.(상당수 기업체 신입사원 연수에서 이런 종류의 프로그램을 운영하는 것으로 알고 있습니다.)

다른 팀원들에 비해 비교적 나이가 많았던 제가 팀장을 맡았는데, 산에 오르기 전 팀원들을 '선동'했습니다.

"이런 게임 1등 해서 뭐에 쓰느냐, 경쟁한답시고 빨리 올라가 봤자 힘만 드니 대충대충 시늉만 하고 천천히 내려오자."

제 선동에 다른 팀원들 모두 순순히 동의.

중간 순위만 하자는 생각에 다들 천천히 산을 오르기 시작했습니다.

그런데 사람 욕심 참 알 수 없는 게, 산 중턱에 오르고 다른 팀과 본격적인 경쟁이 시작되자 팀원들 눈빛이 슬슬 달라지는 게 느껴졌습니다. 누가 시킨 것도 아닌데, 이왕 이렇게 산에 올라 경쟁할 바에야 열심히 해 보자는 분위기가 형성되는 것이었습니다.

대충하고 내려오자는 '암묵적 동의'는 어디로 가고 어느 순간 팀원들의 발걸음이 빨라지기 시작했습니다. 분위기에 휩싸인 저 역시 열심히 산을 오르기 시작했습니다.

결론을 말씀드리면, 이날 등산 게임에서 우리 팀이 우승을 차지했습니다. 그래 봤자 누가 상금을 주는 것도 아니고, 인사 고과에 반영하는 것도 아닌데 일단 1등을 하니 기분은 매우 좋더군요.

무슨 일이든 목표 의식을 가지라

제가 여러분께 등산 얘기를 꺼낸 것은, 무슨 일을 하든 일단 '반드시 뭔가 얻어 내겠다.'는 뚜렷한 목표 의식을 가지라는 말씀을 드리고 싶어서 입니다.

특히 업무 성과로 직원을 평가하는 회사 생활에서는 과정도 중요하지만 결과물을 내는 게 중요합니다. 무슨 일이 주어졌을 때, '에이, 그게 되겠어? 가서 대충 시간이나 때우자.'는 생각을 하는 사람과 뭐라도 하나 건져 보겠다고 달려드는 사람은 그 결과가 다르다는 것을 우리는 너무나 잘 알고 있습니다. 다만 생활 속에서 실천하기가 힘들 뿐입니다.

저 역시 지금껏 살아오면서 위와 비슷한 경험을 수도 없이 겪어 왔습니다. 너무나 하기 싫고, 해 봤자 별 성과도 안 나올 것 같아 대충대충 했던 일들이 꽤 많았습니다. 그러나 지나고 보면, 그렇게 무심하게 지나쳤던 일들을 보다 열정적으로 대했다면 지금보다는 훨씬 나은 생활을 하고 있지 않을까 후회가 됩니다.

특명! 사건 당사자의 사진을 구하라

사회 초년생이었던 사회부 기자 시절 사례를 들려드릴까 합니다.

사회부 기자들은 특히 사건 현장을 자주 누비면서 취재 경쟁을 하게 됩니다. 예나 지금이나, 누가 먼저 관련 사진을 구하느냐에 따라 승패가 갈리는 경우가 많습니다.

예컨대 사회적으로 관심을 끌 만한 큰 사건이나 사고가 발생했을 경우, 관련 인물의 사진을 구해서 지면에 실으면 경쟁 언론사 지면보다 독자들의 눈길을 잡아끌 수 있기 때문입니다.

어느 날 저 역시 어떤 사건에 연루된 분의 사진을 구해 오라는 선배 기자 지시에 따라, 해당 인물이 사는 자택으로 뛰어갔습니다.

그러나 기자가 사진을 달라고 쉽게 내 주는 사람은 없습니다. 더구나 별로 안 좋은 사건을 일으킨 당사자한테 "당신 얼굴을 신문에 낼 수 있게 사진 한 장 달라."고 하면 누가 응하겠습니까. 사진은커녕 기자라고 신분 밝히면 문도 안 열어 주는 경우가 대부분입니다.

예상대로 몇 차례 초인종을 눌러서 애걸복걸했지만, 집주인은 문조차 열어 주지 않았고, 저는 그 집 담장 밑에 쭈그리고 앉아 선배한테 보고했습니다.

"사진은커녕 집 안으로 들어가는 데도 실패했다."는 보고였습니다.

사실 이런 일 여러 차례 겪다 보면, 사건 현장에 도착하기 전부터 이미 반쯤은 포기하게 됩니다. '가 봤자 사진 구하기 힘들 텐데, 대충 시간이나 때우다 오자.'는 식으로 자신과 타협하게 됩니다. 이런 마음으로 현장에 도착하면 사실상 경쟁에서 이미 반쯤은 뒤지고 시작하게 됩니다.

'오늘 내가 여기서 사진 한 장 못 얻어 간다면 절대 회사에 복귀하지 않겠다.'며 뚜렷한 목표 의식을 갖고 온 기자와 '문조차 열어 주지 않는데 뭘 얻을 수 있겠어? 그냥 대충 시간이나 때우고 돌아가자.'는 저 같은 기자 중 결국 누가 더 좋은 성과를 낼지는 이미 정해져 있다고 보면 됩니다.

"어려울 것 같습니다."는 금물

순간순간 시간 때우면서 끝없이 자기 합리화를 해 나가는 사람과, 스스로 목표를 세워 놓고 어떻게든 그 목표를 달성하려고 노력하는 사람은 그 결과가 판이하게 갈릴 수밖에 없습니다.

물론 단기적으로는 그 차이가 두드러지지 않을 수 있습니다. 목표 의식을 갖든 대충 임하든 단기적으로는 별 차이가 없어 보이는 결과가 나오는 경우가 적지 않기 때문입니다. 그러나 꾸준히 목표 의식을 갖고 일하는 사람은 결국 언젠가는 남보다 훨씬 큰 성과를 낼 수 있습니다.

위에서 말씀드렸듯, 일을 시켜 보면 "어려울 것 같다."고 대충 보고한 뒤 일을 마무리하는 사람들이 있습니다. 그러나 윗사람 입장에서는 저렇게 대충 일을 끝내려는 사람보다는 "일이 잘 안 풀리고 있는 게 사실이지만, 이런 대안을 갖고 이렇게 저렇게 일을 풀어 보려고 시도 중이다. 조금만 더 기다려 달라."고 대답하는 사람이 훨씬 더 신뢰가 갈 것입니다.

미션의 최후 승자는?

위에 말씀드린 '사진 구하기' 미션의 경우, 저를 비롯한 여러 기자가 해당 인물의 사진을 구하는 데 실패했지만, 모 기자는 결국 사진을 입수하는 데 성공했습니다. 그 기자 왈, 해당 인물이 아주 오래전 책을 출간한 적이 있다는 사실을 알아냈고, 수소문 끝에 그 책을 구해 책 표지에 있던 저자 사진을 스캔했다고 합니다.

목표 의식을 가진 사람이 거둔 달콤한 승리였습니다.

이왕 올라갈 산이라면, 마치 세계 최초로 에베레스트를 등정한 힐러리 경 같은 마음으로 기쁘게 올라가셨으면 합니다.

Q 왜 나한테만 힘든 일을 시키는 걸까?

A 사무실의 신데렐라, 누군가는 알아준다

별 보며 출근하던 늦깎이 막내의 설움

청와대 재직 시절, 저는 팀에서 나이가 가장 젊은 행정관이었습니다. 저보다 한참 어린 여직원이 한 분 있기는 했으나 이분은 업무 자체가 사무를 보조해 주는 역할이었기 때문에 팀 본연의 업무로 보면 사실상 제가 막내였습니다.

사정이 이렇다 보니 본의 아니게 이런저런 잡일이 쏟아지는 경우가 꽤 있었는데요, 그중 압권은 한동안 저 혼자만 새벽에 조기 출근을 해야 했다는 점입니다. 통상 출근 시간이 아침 7시 정도인 다른 청와대 직원들과는 달리 저는 대략 5시 40분까지 출근을 해야 했습니다.

대부분 국회 보좌관 혹은 직업 공무원 출신이었던 다른 팀원들과 달리, 우리 팀에서는 저만 전직 기자였기 때문에 새벽에 나와 조간신문을 보면서 주요 기사를 분석하거나 그에 따른 간단한 대책 보고서를 만드는 업무를 맡게 됐습니다.

그러나 '전직 기자이기 때문에' 제가 이 일을 맡았다는 것은 표면상의 이유였을 뿐, 사실 새벽에 출근하는 게 귀찮은 일이다 보니 팀에서 가장 어린 제가 그 업무를 떠맡게 된 측면이 있었습니다.

그런 생활을 대략 6개월 정도 했습니다. 솔직히 저 역시 사람인 터라 '왜 나만 이렇게 일찍 출근해야 하나.'라는 불만이 전혀 없는 것은 아니었습니다. 특히 전날 술자리라도 있는 날에는 경기도 성남에서 서울 한복판에 있는 청와대까지 새벽에 출근하는 게 육체적·심리적으로 여간 부담되는 일이 아닐 수 없었습니다.

그렇다고 적게는 네다섯 살, 많게는 열 살까지 차이 나는 다른 행정관들에게 불평할 수는 없는 노릇. 몸이 피곤할수록 '내가 새벽에 이렇게 고생한다고 누가 알아주겠나.' 싶어 다른 팀원들에게 알게 모르게 서운할 때도 있었습니다.

세월은 흘러 청와대를 떠나 새로운 직장에서 일하던 어느 날, 청와대 재직 당시 저에게 이 '새벽 업무'를 맡긴 상사가 칼럼집을 출간해 출판 기념회를 연다는 연락이 왔습니다.

출판 기념회장에 도착한 저에게 그분은 직접 책을 건네주면서 "그대 얘기가 칼럼집 맨 앞부분에 나오니 꼭 읽어 보세요."라고 했습니다.

그 책을 펼쳐 든 순간, 낯이 뜨거워졌습니다. 책 첫 부분에 실명으로 제게 맡겼던 새벽 업무를 소개하면서, 당시 저의 노고에 대한 고마움을 서술해 놓았던 것입니다. 남들이 알아주지 않는 새벽 출근에 지쳐서 속으로 구시렁대기 바빴던 저의 얄팍함이 부끄럽게 느껴지는 순간이었습니다. 남들은 겉으로 표현하지만 않았을 뿐 제가 어떤 일을 했는지, 어떤 잘잘못을 저질렀는지 다들 지켜보고 있었던 셈입니다.

묵묵히 일하다 보면

여러분, 직장 생활 하다 보면 다른 직원들에 비해 왠지 모르게 본인만 더 과중한 업무에 시달린다는 느낌이 들 때가 있고, 더 나아가 뭔가 손해 본다는 느낌이 들 때가 있습니다.

그러나 그런 '작은 손해'가 오히려 남들에게는 '저 친구 정말 고생했다.'는 인식을 심어 주고 결국 훗날 적지 않은 보상으로 돌아오는 경우가 허다합니다. 조금 어렵고 힘들어도 내색하지 않고 묵묵히 일하다 보면 남들이 언젠가는 그 공을 인정해 주는 것이죠.

참지 말아야 할 때도 있다

물론 회사 업무의 불평등함을 무작정 참으라는 말은 아닙니다. 때로 그 불평등함으로 받는 스트레스가 너무 크다 싶으면, 정식으로 문제를 제기하는 것이 무작정 참는 것보다 더 나을 때가 분명 있습니다.

무역 회사에 다니는 후배 A가 있었습니다.

회사 규모가 그렇게 크지 않다 보니, 한 사무실에 대리급 직원 네댓

명이 일하면서 각자의 지역을 담당한다고 합니다. 예컨대 '일본 지역 담당은 김 대리' '북미 지역 담당은 최 대리', 이런 식이라고 합니다.

직급은 대리급으로 다들 비슷한데, A가 군대를 면제받은 상태에서 입사하다 보니 다른 대리들보다 나이가 서너 살 적다고 합니다. 그래서 A가 우편물 수발이나 부서 운영비 관리 등 잡일을 떠맡는 편이라고 합니다.

그러던 중 얼마 전 경력직으로 새로운 직원이 입사했답니다. 이 직원은 A와 같은 대리급에 나이까지 동갑내기. '이제야 나랑 잡일을 나눌 동지가 생겼다.'며 후배는 내심 기쁨의 환호성을 질렀다고 합니다.

그러나 웬걸. 새로 입사한 이 동갑내기 대리는 A가 회사 잡일을 하든 말든 나 몰라라 했고, 자기 할 일만 마치면 칼같이 퇴근하기 일쑤였다고 합니다.

한두 차례 이 문제에 대해 말해 봤지만 그때만 "다음부터 도와주겠다."고 건성으로 답할 뿐, 태도는 전혀 변하지 않았다고 합니다. 이렇다 보니 A의 잡일은 여전히 산더미처럼 쌓이기 일쑤였고, 평일 야근은 물론 휴일 출근도 밥 먹듯이 해야 했습니다.

팀을 관장하고 있는 이사님에게 이 상황을 호소하고 제발 업무를 공평하게 분배해 달라고 말할까 말까 고민하기를 수차례.

그러나 이 이사님은 평소 자기 팀 직원들이 무슨 불만을 말하면 문제를 해결해 주기는커녕, 그 불만을 말하는 직원을 '불평분자'로 여겨 버리는 독재자 스타일이라고 합니다.

저와 소주 한잔하면서 신세타령하던 A는 "요즘 너무 스트레스를 받아서 그냥 회사를 때려치울까 고민하고 있다."고 하소연을 합니다.

여러분 같으면 어떻게 하겠습니까?
새로 들어온 직원을 화장실로 불러내 주먹질이라도 한바탕해야 할까요? 아니면 이사님에게 울고불고 매달려야 할까요?

전략적으로 보고하라

정답은 아니겠지만, 일단 저 같으면 회사를 그만둘 정도의 각오가 선 상태라면 이사님에게 문제를 말씀드리는 게 어떻겠느냐고 A에게 조언해 줬습니다.

단, 앞서 말씀드린 대로 이사님이 그렇게 속 넓은 분이 아니라는 점을 십분 감안하는 전략이 필요하지 않을까 싶습니다.

단순히 '누구는 일을 별로 하지 않는다. 나만 죽으라고 일하는 것 같아 억울하다, 당신은 왜 이런 조직 내 문제를 수수방관하느냐.'라는 식으로 남에 대해 비판하고 이사님까지 졸지에 직무 유기로 만들어 버리면 곤란합니다.

그보다는 '이런저런 상황이라 본 업무에 효율성을 발휘하기 힘든 상태다. 내가 알기에 이사님은 매우 공평하신 분이다. 내가 직접 그 친구한테 말하는 게 나은지, 이사님이 그 친구에게 지적해 주시는 게 나은지 판단해 달라. 이사님 결정에 따르겠다.'는 식으로 결정권을 이사님에게 위임하는 형태가 가장 효과적일 것 같습니다.

대부분의 상급자는 어려운 문제일수록 부하 직원들이 해결책을 만들어 오는 것을 좋아하지만, 이런 경우에는 부하 직원이 자기 권한을 존중하고 그 결정에 따르겠다는 태도를 보이는 것이 심기를 불편하지 않게 만들면서 문제를 해결하는 방법이라고 생각합니다.

앞도 보고, 옆도 보고, 뒤도 보고 결정하라

직장 생활 하다 보면 함께 생활하는 직원들과의 문제로 스트레스를 많이 받게 됩니다.

실제 직장인을 대상으로 한 설문조사에 따르면, 이직 사유 중 첫 번째는 연봉 문제였고, 두 번째가 바로 직장 상사 등 '사람과의 문제'인 것으로 나타났습니다. 특히 남들보다 나만 더 고생한다는 생각이 들기 시작하면 정말 일할 맛 뚝 떨어집니다.

이 글 앞에서 말씀드린 제 사례처럼 아무도 알아주지 않는 힘든 업무를 맡았다고 해서 너무 불만을 품거나 좌절할 필요는 없습니다. 남들이 전혀 몰라 주는 것 같아도 결국에는 그게 다 본인에 대한 좋은 평가로 틀림없이 연결됩니다.

다만, 업무가 불평등한 부분이 너무 많다고 느끼다 못해 회사를 그만둘까 고민할 지경에 이르렀다면, 그것만큼은 정식으로 문제를 제기하는 게 맞다고 봅니다.

그런 불만을 표현하지 않은 채 속으로 삭이고 삭이다 사직까지 고려할 정도라면, 차라리 상사에게 자신의 고통을 털어놓는 게 더 나을 것입니다. 문제가 해결되든 안 되는 일단 말이라도 해 봐야 먼 훗날 생각해도 후회가 안 남을 테니까요.

당신은 어떤 동료입니까?

가장 기본적으로 이런 문제들을 논하기에 앞서, 스스로 이런 자문자답을 한번 해 보는 것은 어떨까요.

지금 나는 남들 눈에 행여 '동료의 고통을 나 몰라라 하는 직원으로 비치는 것은 아닐까.' 하는 자가 진단 말입니다.

지금 이 순간, 본인의 무심함 때문에 누군가는 이직을 고민하고 있을지도 모르니까요.

Q 일을 어디서부터 시작할지 막막하네
A 한 번에 하나씩, '시스템적'으로 사고하라

어느 직장이든 남들에 비해 '업무 성과'가 떨어지는 직원들이 있습니다. 이들에게는 몇 가지 공통점들이 있습니다.

우선 근태가 깔끔하지 않고 일에 대한 피드백이 늦습니다. 그중에서도 가장 큰 특징은 '어떤 일을 어디서부터 손댈지' 우왕좌왕한다는 점입니다.

업무를 처리할 때, 급한 일부터 처리해야 한다는 가장 기본적인 원칙을 잘 지키지 못하는 것입니다. 책상 구석구석에는 무수히 많은 포스트잇을 붙여 놨지만, 정작 저 포스트잇 중에서 어떤 일부터 해결해야 할지 본인이 우선순위를 정하지 못합니다. 그러다 보니 무엇 하나 확실히 해결되는 일 없이 마음만 바빠져 허둥대는 경우입니다.

일을 작은 덩어리로 분해하라

이럴 때는 '시스템적 사고'를 하는 게 좋습니다. 시스템적 사고란 경영학에서 나온 용어로, 보통은 어떤 일을 유기적으로 파악하고 큰 틀에서 해법을 찾아 나가라는 의미로 자주 쓰입니다. 매우 복잡하거나 여러 난제가 얽힌 일이 있을 때, 사람들은 어디서부터 손을 댈지 막막해합니다. 이런 경우 그 문제를 될 수 있는 한 가장 작은 덩어리로 잘게 부숴 봅니다. 그리고 그 덩어리 중에서 가장 쉬워 보이는 부분부터 해결해 나가면 됩니다.

예컨대 "회사 창립 기념 체육 대회를 준비하라."는 지시가 내려오면, 일단 막막해집니다. 장소는 어디로 해야 하고, 행사 내용은 어떻게 구성하고, 식사는 어떻게 해결하며, 기념품은 어떤 것들로 구매해야 할까. 하다 못해 행사 당일 비가 올 경우 어떤 식으로 진행을 변경해야 할까……

이런 복잡한 일 덩어리가 있을 때 당황하지 말고 이벤트 전문 대행업체 선정, 장소 섭외, 예산 확정, 기념품 구매, 식사 조달처럼 일을 부문별로 잘게 나눈 뒤 각 부문 밑에 또다시 세부 분류를 넣어서 하나씩 처리해 나가다 보면 일을 꼼꼼하면서도 빠르게 진행할 수 있습니다.

쉬운 일부터 처리하라

그다음으로 기억해야 할 것은 눈앞에 있는 쉬운 일부터 시작하는 것입니다.

학창 시절 선생님들이 시험 보는 요령으로 이런 조언 많이들 하십니다.

"일단 아는 문제부터 풀어라!"

확실히 풀 수 있는 문제, 득점이 가능한 문제부터 풀어 놓고 어려운 문제로 넘어가라는 의미입니다. 자칫 처음부터 어려운 문제를 붙잡고 끙끙대다가는 정작 아는 문제도 풀지 못한 채 시험 시간이 흘러가 버릴 수 있으니까요.

선생님들의 이 조언, 직장 생활에서도 상당히 유용한 구절이라고 생각합니다. 머릿속으로 '이것부터 할까, 아니야 저것부터 해야 할 것 같은데, 아니야 그래도 이것부터 하는 게 낫지…….' 하는 식으로 고민하다 보면 별다른 소득도 없이 아까운 시간만 흘러가기 일쑤입니다. 일단 완성 가능한 사안, 손쉽게 해결 가능한 사안부터 해결한 뒤 점차 어려운 문제로 접근해 나가는 게 효율적인 방식입니다.

여러분, 어떤 일부터 손대야 할지 막막할 때는 일단 일을 최대한 나누고 가장 쉬운 일부터 시작해 보세요. 아무리 복잡하고 어려운 일이라도 차근차근 해결해 나가다 보면 결국 실마리가 풀릴 것입니다.

Q 대충 일하고 돈 많이 받는 '신의 직장' 어디 없을까?
A 그런 직장은 신도 못 찾는다

'원공'과 '별공'을 아시나요?

기자 생활을 접고 청와대 정무수석실 행정관으로 들어가면서 팔자에 없던 공무원 생활을 경험했습니다. 12년의 기자 생활 중 대부분을 정치부에서 보냈기에 정치권 인사들을 많이 알고 있었고, 그중 청와대 고위직으로 임명된 분과 인연이 닿아 청와대에 발을 들여놓게 됐습니다.

청와대 직원들은 크게 두 가지 부류로 나뉩니다. 우선 원래 직업이 공무원인 분들이 청와대에 일정 기간 파견 나와 근무하는 부류가 있습니다. 대략 1~2년 정도 청와대에 근무하다 원소속 정부 부처로 복귀하는 방식인데, 이분들을 청와대 내부에서는 '원공(원래 공무원)'이라고 부릅니다.

두 번째 부류는 정치권, 시민단체, 언론계, 재계 등에서 영입된 사람들입니다. 바로 저 같은 경우입니다. 이런 분들은 '별정직 공무원' 신분이기 때문에 줄여서 '별공'이라고들 많이 하는데요. 우리끼리는 장난스럽게 '어공(어쩌다 보니 공무원)'이라고 불렀던 기억이 납니다.

청와대 공무원의 비애

원공이 됐든 별공이 됐든, 남들이 보기에는 청와대만 들어가면 시쳇말로 '팔자 확 피고 부귀영화를 누리겠거니.' 생각하지만 실상은 완전 딴판입니다. 새벽 출근에 야근은 밥 먹듯 해야 하고, 주말 휴일도 잊은 채 월화수목금금금이 되기 일쑤죠.

그렇다고 생각만큼 연봉이 높지는 않습니다. 직급에 따라 다르긴 하지만 평균적으로 보면 대략 중견 기업에서 대기업 사이라고 보시면 될 듯합니다. 가끔 "높은 곳에서 일하니 술값은 네가 내라."는 악마 같은 친구 녀석들 만나서 몇 번 술 마시다 보면 주머니가 휑해지기 마련입니다.

돌아갈 곳이 있는 원공들과 달리 원소속 부처가 없는 저 같은 별공들은 더 근본적인 문제에 직면합니다. 별공들은 어차피 정권이 교체되면 다음 정권 사람들에게 자리를 내줘야 하기 때문에 늘 마음 한구석이 불안할 수밖에 없습니다. '이곳에서 나가면 어떤 곳으로 취업해야 하나.'라는 불안감입니다.

제가 여러분께 드리고자 하는 포인트도 바로 이것입니다.

남들이 보기에 화려해 보이고 지위가 높아 보이는 곳일지라도, 실제 그 내부를 들여다보면 다들 그 나름의 고민이 있고, 외부에서는 결코 알 수 없는 고통이 있다는 것입니다.

저 역시 처음 청와대에 들어갈 때에는 솔직히 "설마 청와대에서 일한 경력이 있는데 어디 가서 밥줄 끊기랴." 하는 근거 없는 자신감이 있었습니다.

하지만 막상 청와대에서 나올 결심을 하고 직장을 알아보니 생각만큼 전직이 쉽지 않았습니다. 청와대 행정관들이 대부분 40대 중후반인 만큼, 일반 기업체에서는 이들을 받아들이기 힘들고, 공기업 같은 경우는 괜스레 '낙하산 논란'에 휩싸일 수도 있기 때문에 받아들이기를 꺼리는 분위기가 있습니다.

공기업도 돈 벌기 힘든 건 마찬가지

어디 청와대뿐이겠습니까.

연봉 높고 복지 제도까지 잘 갖춰진 직장도 남들 보기에만 부러움의 대상일 뿐 정작 그곳에 다니는 분들 얘기 들어 보면 알려진 것과는 다른 부분이 참으로 많습니다.

저는 흔히 '신의 직장'이라고 불리는 공기업에도 다녀 봤는데요, 물론 민간 기업에 다니는 분들이 느끼는 것보다 고용 안정성이나 근무 강도, 연봉 등에서 장점이 있을 수는 있습니다.

하지만 막상 공기업에 들어가 직접 일을 해 보니 신의 직장이라고 불릴 만큼 '대충 일하고 월급 많이 받는' 그런 직장은 결코 아니었습니다. 그곳에도 경쟁과 애환이 있고, 직장인이라면 누구나 겪어야 하는 이런저런 스트레스를 똑같이 받는 경우가 많았습니다.

오히려 연봉이 높지 않고 남들 보기에 그다지 빛나지 않는 직장일지라도 본인이 느끼기에 만족도가 높은 곳이라면, 그곳이 바로 '신의 직장'이라 할 수 있습니다. 연봉 1억 원 받는 분이 5000만원 받는 분보다 반드시 두 배 더 좋은 직장에 다니는 것은 아닙니다.

밥그릇을 비교하지 마라

여러분, 일상의 행복과 삶의 만족도를 타인과 수평적으로 비교하지 마시길 바랍니다. 타인은 타인 나름대로 인생이 있고, 본인은 본인 나름의 인생이 있는 법입니다. 남과 비교하면서 신세타령해 봤자 돌아오는 것은 허탈함뿐입니다.

자기가 걷고 있는 길에서 얼마만큼 알찬 생활을 할 것인지, 거기서 어떤 발전을 이룰 것인지 초점을 맞추는 생활을 하다 보면, 어느덧 자기 직장이 점차 신의 직장으로 바뀌고 있다는 것을 느낄 수 있을 것입니다.

지금 여러분이 취업한 직장의 연봉이 낮다고, 복지가 미비하다고, 비전이 없다고 너무 좌절하지 마시길 바랍니다. 여러분이 실망하고 있는 이 직장을 누군가는 '신의 직장'으로 여기고 있을지도 모르니까요.

불평만 일삼는 '투덜이 스머프'는 되지 말자

오늘도 사표를 품고

주머니에 사표 넣고 다닌다는 말 자주 하는 분들이 있습니다.

현재 회사에서 맡은 업무가 뜻대로 풀리지 않거나 상사가 계속 못살게 굴 경우, 더 이상 참지 않고 회사를 때려치운 뒤 새 출발하겠다는 의지의 표현인데요.

결론부터 말씀드리면, 다 부질없는 짓입니다.

마음속에 들고 있는 그 사표, 어서 내려놓으세요. 얼른 마음 고쳐먹는 게 본인 앞날을 위해서 훨씬 좋습니다.

왜냐고요?

여러분이 꿈꾸는 완벽한 직장은 세상 어디에도 없기 때문입니다.

정도의 차이가 있을 뿐 어딜 가나 나쁜 상사가 있고, 어딜 가나 내 몸에 맞지 않는 조직 문화가 있고, 어딜 가나 업무와 관련한 스트레스는 따라옵니다.

창의성을 높이기 위해 편안한 쉼터처럼 사무실을 꾸며 놨다는 세계적 IT 기업들의 모습, 언론을 통해 한두 번은 보셨을 텐데요. 그 회사 직원들이라고 해서 과연 매일 구름 위에서 산책하는 것처럼 100퍼센트 행복한 직장 생활을 하고 있을까요? 추정컨대 절대 아닐 겁니다.

아무리 업무 환경이 좋고, 조직 문화가 훌륭해도 직장은 어디까지나 직장일 뿐입니다. 가정과는 다른 냉혹한 사회생활의 현장이요, 치열한 생존 경쟁의 전장입니다.

현재 몸담은 직장에서 훌륭한 성과를 거둬 한 단계 업그레이드된 직장으로 이직하는 것은 아주 좋은 일입니다. 반면 현 직장이 싫다는 이유로 끝없이 불평불만을 쏟아내고, 어디 다른 곳으로 도망칠 곳 없나 기웃거리는 모습……. 본인 인생에 아무런 도움이 되지 않습니다.

유독 회사에 대해 불만 많은 분, 어디에나 꼭 있습니다. 걸핏하면 "내가 이놈의 회사 때려치우고 말지!"라며 폭발하는 분들인데요. 한두 번이면 몰라도 그런 표현을 너무 자주 하다 보면, 회사 내에서 본인에 대한 인식이 안 좋아지는 것은 물론, 현 직장에 대한 불만이 점점 깊어질 수밖에 없습니다. 일종의 자기 최면인 셈입니다.

직장에서 '투덜이 스머프'는 환영받지 못한다

제가 어린 시절 재미있게 봤던 만화 '개구쟁이 스머프'에 보면 여러 캐릭터가 등장합니다. 그중 은근 귀여운 캐릭터가 바로 투덜이 스머프입니다. 이 녀석은 상대방이 뭐라고 하든 말든 늘 반응이 한 가지입니다. '난 그거 싫어!' 참 집요하게 투덜거리는 녀석인데요.

만화로 보면 재미있고 귀여운 캐릭터이지만, 직장에서 실제 이런 투덜이 만나면 정말 피곤합니다. 뭐가 그리 배배 꼬였는지 늘 사안을 삐딱하게 보고, 남들이 애써 공들여 이뤄 놓은 업무에 대해서도 한마디로 평가 절하하기 일쑤입니다. 자기가 못 나가는 것은 윗사람이 내 능력을 제대로 못 알아보기 때문이고, 주변 사람이 승승장구하는 것은 아부를 잘했기 때문이라고 폄하합니다. 한마디로 이래도 불만 저래도 불만, 이리 가자 해도 투덜, 저리 가자 해도 투덜댑니다.

'긍정의 힘' 같은 거창한 말까지 들먹일 필요도 없습니다. 그냥 옆에 있는 사람들까지 덩달아 힘 빠지게 하지 않으면 될 텐데, 꼭 주변 사람들에게까지 악영향을 끼치는 부류입니다.

사실 끝없는 불평 때문에 가장 크게 피해를 보는 것은 투덜이 본인입니다. 똑같은 일을 하더라도 불평불만 속에 하는 것과, 긍정적인 마음으로 하는 것과 과연 어느 쪽이 더 좋은 결과물이 나올까요?

물어보나 마나 뻔한 일입니다. 어떤 사안에 대해 긍정적인 마인드를 가질수록, 해 보자는 성취욕을 가질수록 더 좋은 아이디어가 생겨나고 기획력이 좋아집니다.(다들 그렇겠지만, 저 역시 기분 좋게 일해야 머리 회전도 더 잘되고 참신한 생각도 잘 떠오르는 것 같더군요.)

그래서 이왕이면 다소 불만이 있더라도 스스로 위안하고 감정 조절하면서, 업무를 수행해 나가는 게 여러모로 좋습니다.

불평과 불만을 털어놓기는 쉽습니다. 그러나 어떤 조직에서든 단순히 불평을 내놓는 구성원보다는 해법을 내놓는 구성원을 더 높게 평가하기 마련입니다.

직장의 '레인 메이커'가 되려면

'레인 메이커(Rain Maker)'라는 영어 단어 한 번쯤은 들어 보셨을 것입니다. 아메리칸 인디언 부족에서 가뭄이 들면 제사를 이끌며 기우제를 지내는 사람을 가리켜 레인 메이커라고 합니다. 말 그대로 비를 만드는 사람입니다.

경영학에서는 한 기업에 막대한 이득을 안겨 주는 영업 전문가를 가리켜 레인 메이커라는 표현을 쓰기도 하는데요.

조직에서 가급적이면 투덜이가 되지 말고 레인 메이커가 되도록 마음을 추스르는 것은 어떨까요. 이왕이면 남들한테 기쁨과 행복을 주는 사람, 함께 있으면 왠지 목마른 사람들에게 비를 뿌려 줄 것 같은 밝은 에너지를 주는 사람말입니다.

무단결근하고 깨달은 회사의 진실

사실 이렇게 말하는 저 역시 '욱'하는 성격을 견디지 못하고 사표 던지겠다며 난리친 경험이 있습니다.(이름에 '욱'이라는 글자가 들어가서일까요?)

부끄러운 얘기지만 사회생활 10여 년 동안 딱 두 번 무단결근한 적이 있습니다. 두 번 다 피가 철철 끓던 사회 초년생 기자 시절 얘기인데요.

한 번은 기사 문제로 상사와 갈등을 빚은 적이 있습니다. 아무리 생각해도 제가 잘못한 일이 하나도 없는데 상사가 경위서를 쓰라고 해서 저도 모르게 분노 폭발, 다음 날 회사에 무단으로 결근했습니다.

두 번째는 제 직속 후배와 관련된 일이었는데요. 후배가 써 온 기사가 오보로 판명됐습니다. 이 때문에 회사에서 우리 팀에 경위서를 쓰라고 지시했고, 곁에서 이를 지켜보다가 폭발해 또다시 무단결근.

물론 정말 부당한 지시나 말도 안 되는 불이익을 당할 상황에 처했다면 정정당당하게 자신의 의사를 표시해야 합니다. 그냥 어물쩍 참고 넘어가는 것만이 능사는 아니며, 오히려 더 큰 화를 자초할 수도 있는 법이니까요.

그러나 제가 무단결근했던 위의 사례들도 그렇고, 직장에서 '폭발'했던 사안들을 훗날 차분히 생각해 보면 그럭저럭 참고 넘어갔을 만한 경우가 많습니다.

"당장 그만두든지 원, 나가서 장사해도 여기보단 낫겠다."라며 큰소리 치는 분들, 실제 홧김에 회사 그만두고 나가면 생각보다 춥습니다.

그리고 입버릇처럼 '때려치우겠다.'고 씩씩거리는 사람, 솔직히 그런 표현 자주 할수록 남들 눈에는 경솔한 사람으로 비치고 속칭 '싸 보이는' 사람이 되기 십상입니다.

스트레스 해소법을 개발하라

회사에서 정말 스트레스 받고, 못 견디겠다 싶으면 각자 나름대로 해소책을 마련해 놔야 합니다. 어차피 하루 이틀 직장 생활 할 것도 아니고, 어딜 가든 스트레스는 받을 수밖에 없기 때문입니다.

저 같은 경우 무작정 걷는 버릇이 있습니다.

상사 중 누가 절 괴롭혔다 치면, 혼자 한참 걸으면서 해당 인물에 대해 저주도 퍼부어 보고, 구시렁대면서 욕도 해 봅니다. 그러다 한참 시간이 지나면 '따지고 보면 그 양반이나 나나 남의 돈 받아서 가족 먹여 살리려고 아침부터 회사 나와 힘들긴 마찬가지일 텐데…….' 라는 식으로 마음이 좀 누그러집니다.

화가 나더라도 잠깐만 참고 감정을 조절하면 상당 부분 분노가 누그러지는 것을 경험할 수 있답니다.

여러분, 한 번만 화를 참으세요.

투덜이 대신 레인 메이커가 되도록 자신을 다독여 보는 훈련을 해 봅시다. 세 살 버릇 여든까지 가듯, 신입사원 시절 버릇은 퇴직할 때까지 따라갑니다.

사족으로 말씀드리자면, 위에 말했던 저의 무단결근은 오래가지 못했습니다. 집에서 휴대전화 꺼 놓고 뒹굴던 중, 우리 회사 신문이 집으로 배달됐습니다.

그때 딱 이런 생각이 들더군요.

'아, 나 하나 없어도 우리 회사 신문은 잘만 나오는구나!'

PART 2

선배,
사람이
더 어려워

사내 인간관계를 위한 처세술

Q 친구와 동료 사이, 어떻게 정리하지?
A 친할수록 깍듯하게

지인 A가 끓어오르는 분노를 참지 못해 씩씩거리며 소주잔을 연달아 넘깁니다. 그는 외국계 기업 한국 지사에 근무하고 있는데, 어느 날 사무실에 빈자리가 생기자 회사는 경력직 사원을 뽑기로 했습니다. 외부 채용 공고에 앞서, 기존 직원들에게 지인들을 추천해 보라는 공문이 내려왔습니다. 이 회사에는 직원이 추천하는 외부 인재가 채용될 경우, 그 직원에게 별도 수당을 지급해 주는 시스템이 있다고 합니다.(저도 몰랐습니다만, 이런 수당을 'Referral Bonus'라고 한답니다.)

이왕이면 아는 사람을 회사에 추천해 줄 수 있고, 그 사람이 채용 확정될 경우 수당까지 챙길 수 있는 '꿩 먹고 알 먹는' 기회였기에 A 역시 주변에 적당한 사람을 물색했다고 합니다. 마침 적당한 후보자가 떠올랐다고 합니다. 조그만 건설 회사에 근무하던 후배였는데 그는 평소 A에게

"선배 회사에서 일해 보고 싶다. 혹시 빈자리가 나면 꼭 연락해 달라."고 부탁하곤 했습니다.

A는 후배를 회사에 추천했고, 그 후배는 면접을 거쳐 A가 속한 부서 옆 재무팀에 경력직 사원으로 입사하는 데 성공했습니다.

믿었던 후배의 배신

여기까지는 참 좋았는데요. 문제는 그다음부터 였습니다.

후배가 사내 메신저를 통해 시도 때도 없이 A에게 질문을 퍼붓기 시작한 것입니다.

"선배, 우리 사무실 최고 실세는 누구인가요?" 같은 조금 어려운 문제부터 시작해 "휴일 특근 수당 신청은 누구한테 해야 하나요?" "우리 회사는 근로자의 날 쉬나요?" "노조 창립 기념일 선물은 뭐가 나오나요?" "자주 이용하는 퀵 서비스 아저씨 연락처 좀 알려 주세요." "회사 근처 맛있는 밥집 리스트 있으면 알려 주세요." "우리 팀 ○○ 상무님이 주말에 서해안으로 낚시 가자는데 따라가야 하나요?" 같은 온갖 문제를 전부 사내 메신저로 묻더랍니다.

시간 여유만 있다면 하나씩 천천히 알려 주면 되겠지만, 대다수 직장인이 그러하듯 A 역시 자기 업무 처리하기에도 눈코 뜰 겨를이 없다고 합니다. 그래도 처음에는 자신이 추천한 후배가 입사한 터라 친절하게 답해 줬지만, 어느 순간 너무 사소한 질문까지 쏟아 내자 살짝 짜증이 나기 시작하더랍니다.

퀵 서비스 연락처나 회사 근처 맛집 리스트야 굳이 A가 아니라 자기 팀 동료에게 물어보면 될 문제고, 휴일 수당 신청이나 근로자의 날 휴무 문제는 총무 담당에게 물어보면 금세 해결될 문제였기 때문입니다.

참다 참다 A는 결국 후배에게 정중하게 말했답니다. "네가 아직은 입사 초기라 궁금한 게 많을 것이고, 누구에게 물어볼지 몰라 나한테 질문 하는 것은 이해한다. 하지만 나 역시 업무 부담이 적지 않으니 네가 생각하기에 그리 복잡하지 않은 단순한 궁금증은 네 소속팀 동료들에게 물어봐 줬으면 좋겠다."라는 내용이었다고 합니다.

A 딴에는 후배가 상처받지 않도록 정중하게 질문 자제 요청을 했는데, 후배는 마음이 상했나 봅니다. 후배는 이후 A에게 아예 말을 걸지 않더니, 어느 순간 은근슬쩍 주변 사람들에게 A에 대한 험담까지 늘어놓기 시작했다고 합니다.

하루는 동료가 A에게 오더니 "재무팀 ○○ 씨 자기가 추천한 거 아냐? 그런데 좀 이상하네. ○○ 씨가 자기를 '차갑고 냉정한 사람'이라며 험담하고 다니는 것 같더라?"

기껏 취직시켜 줬더니 '뒷담화'라니……. 쉽게 말해 은혜를 원수로 갚은 셈이었습니다.

머리끝까지 화가 난 A였지만 자신이 추천한 후배와 다투는 모양새를 보이는 것 자체가 본인에게 득이 될 것 같지 않다는 판단 아래 일단은 화를 참고 있다고 합니다. '언제 한번 제대로 걸리면 결딴내겠다.'는 분노를 꾹꾹 누르면서요.

안전거리를 확보하라

'불가근불가원(不可近不可遠)'이라는 말이 있습니다.

너무 가깝게 지내지도 말고, 반대로 너무 멀리 지내지도 말라는 말입니다. 흔히 기자와 취재원과의 관계를 설명할 때 이 표현을 자주 씁니다. 어차피 끊임없이 사실관계를 파헤쳐 뭔가를 써야 하는 기자와 반대로 최대한 정보를 숨기기 마련인 취재원과는 영원한 친구로도, 영원한 긴장 관계로도 지내기 힘든 경우가 대부분입니다.

평소 친구처럼 가깝게 지내다가도 기사 한 꼭지에 서로 감정 상하면 관계가 틀어지는 경우가 발생할 수 있습니다. 그래서 취재원과 기자는 적당한 거리를 둔 채 불가근불가원으로 지내는 게 적당하다고 합니다.

여러분이 앞으로 직장 생활 하다 보면 이런 경우 의외로 많이 겪게 됩니다. 누군가와 관계 맺을 때 어느 선까지 거리를 둬야 하는지, 흔히 말하는 '너무 잘 대해 주면 이용해 먹으려 든다.'는 상황을 피하려면 어느 정도 친밀하게 대해야 하는지 고민스러운 상황들. 공적 관계와 사적 관계의 경계선은 어디까지인지 헷갈리는 상황들. 나는 친분이 깊어 별문제가 없을 것 같아 취한 행동인데 상대방은 이를 기분 나쁘게 받아들여 당황스러운 경우들.

"내가 정말 네 언니인 줄 아니?"

또 다른 사례입니다. 지인 B의 경험담입니다.

회사에서 정말 친하게 지내던 부하 직원이 있었답니다. 처음에는 B에게 "과장님~ 과장님~" 하면서 깍듯이 대했고, B 역시 살갑게 구는 부하 직원을 친동생처럼 대해 줬답니다.

그런데 어느 날부터 이 부하 직원이 자신을 직장 상사가 아니라 정말 친언니 대하듯 너무 편하게 대한다는 생각이 들더랍니다. 구내 분식점에 함께 가면, 부하 직원은 단 한 번도 지갑을 여는 적이 없이, B가 간식 사는 일을 당연한 것으로 여기며 별달리 고마워하는 눈치가 아니었다고 합니다.

여기까지는 애교로 봐 줄 만했는데, B를 확실히 짜증 나게 한 것은 출근길 카풀 문제였다고 합니다. B의 집은 서울 강북에 있었고, 회사는 반포 쪽에 있었다고 합니다. 마침 부하 직원 집 역시 B의 인근 동네. 원래는 각각 차를 갖고 다녔는데, 어느 날 이 부하 직원이 B에게 "언니, 어차피 집이 같은 방향이니 회사 갈 때 저 좀 태워서 가 주세요. 전 운전이 서툴러서 한강 다리 건너려면 시간이 너무 오래 걸려요."라고 카풀 요청을 해 왔다고 합니다. 딱히 거부할 명분도 없고 해서 어느 날 아침부터 B는 부하 직원을 태우며 카풀이 시작됐는데…….

처음에는 "언니 덕분에 이렇게 편하게 회사에 가게 되니 너무 좋아요."라며 호들갑을 떨더니, 얼마 뒤부터는 자기를 태워 주는 게 당연한 일이라는 듯 여기더랍니다. 심지어 어느 날 아침에는 "언니, 제가 어제 회사에서 너무 무리했나 봐요. 회사에 도착할 때쯤 저 좀 깨워 주세요." 이러면서 차에 타자마자 코를 골며 자더랍니다.

B는 '내가 자기 개인 운전기사도 아니고 어이가 없네.'라는 생각에 속

이 부글부글 끓어올랐지만, 그렇다고 "내일부터 내 차 타지 마."라고 말하면 속 좁은 상사로 비칠 것 같아 혼자 분을 꾹 참으며 카풀을 계속했다고 합니다.

당신은 어떤 후배입니까?

여러분, 직장 생활을 하다 보면 유난히 나와 잘 맞는 선배 혹은 후배를 만나게 됩니다. 늘 얘기를 잘 들어 주고, 친동생처럼 알뜰살뜰 챙겨 주는 그런 사람들.

문제는 그런 따뜻함을 베풀어 주는 사람일수록 더욱 예의를 갖춰야 한다는 점입니다. 단순히 격식을 차려 말을 깍듯이 하고 인사를 잘하라는 게 아니라, 친한 사이일수록 정말 마음속으로 예의를 지켜야 한다는 의미입니다.

사람 마음이 다 내 마음 같을 수는 없습니다. '나는 정말 편해서 그랬던 것인데…….' '아니, 우리 사이에 이 정도도 못 받아들여 주나.'라는 불만을 가지기에 앞서, 과연 상대방에게 나는 얼마만큼 예의를 갖춰서 대했는지 반성부터 해 봐야 합니다.

특히 아주 어린 시절부터 친분을 쌓아 온 이른바 '배꼽 친구'가 아닌 경우에는, 자칫 사소한 말 한마디, 내 딴에는 별다른 의도 없이 취한 행동 하나에 상대방이 기분 상할 수 있다는 점을 명심하셨으면 합니다.

직장에 첫발을 내디딘 젊은 분들이 흔히 하는 실수가 가정과 학교, 직장의 차이를 구분하지 못한다는 점입니다. 어느 회사나 '우리는 한 가족'을 강조하지만, 실상 직장은 학교와는 완전히 다른 곳입니다. 직장은 공동의 목표가 있고, 목적에 따라 이합집산이 가능하며, 상하 위계질서가 엄격한 곳입니다. 냉정하게 들릴지 모르지만, 가정이나 학교와 달리 회사는 언제라도 여러분을 포기할 수 있는 곳입니다. 아무리 친한 직장 선후배 간이라도 기본적인 상하 관계의 틀을 흔드는 언행을 해서는 안 됩니다.

친할수록 예의를 갖추라

이렇게 말씀드리는 저 역시 제가 친형처럼 생각하는 회사 선배들, 제가 친동생처럼 생각하는 직장 후배들에게 본의 아니게 많은 상처를 주고 있는 것은 아닌지 반성을 해 봐야 할 것 같습니다.

격의 없다는 것과 예의 없다는 것은 분명 다른 얘기입니다.

나에게 잘 대해 주는 사람일수록, 나에게 영원히 친절하게 해 줄 것 같은 사람일수록 더욱더 예의를 갖추고, 정성을 다하는 자세가 필요합니다. 공든 탑은 쉽게 무너지지 않겠지만, 인간관계는 그 기간과 상관없이 아주 사소한 말 한마디, 작은 행동 하나에도 우르르 무너져 내릴 수 있다는 점을 기억하셨으면 합니다.

'밉상'이라는 단어가 어울리는 인물이 어느 조직에나 꼭 한두 명씩은 있습니다. 일을 못하거나 남들에게 피해를 주지는 않지만, 함께 있으면 왜 그런지 주변 사람들에게 민폐 끼치기 일쑤요, 심하면 뭔가 불이익까지 주는 사람들입니다.

정작 이 밉상들은 본인이 주변 사람에게 얼마나 부정적인 영향을 끼치는지 알지 못하는 경우가 많은데요, 오히려 자신을 그 조직 내 '에이스'라고 여기며 리더가 되려는 경향까지 있습니다.

밉상 유형 A 필요 이상으로 열심히 하는 동료

군대 시절 얘기입니다. 제가 속한 중대에 밉상 병사가 한 명 있었습니다. 편의상 그를 '밉상 A'라고 부르겠습니다.

밉상 A는 명문 대학을 다니다 온 친구라서 그런지 머리 회전이 비상할 정도로 빠르고, 행동까지 민첩해 부대로 전입해 오자마자 선임병들로부터 귀여움을 독차지했습니다. 문제는 밉상 A 때문에 다른 동기들이 적잖이 고생했다는 점입니다.

예컨대 이런 식입니다. 회사원들이 온갖 잡무에 시달리듯, 군인들에게도 이런저런 상부 지시가 내려옵니다. 그중에는 누가 봐도 급하거나 중요해 보이지 않는 일이라 대충 하는 둥 마는 둥 일하는 시늉만 내면 되는 일들이 있습니다.(이럴 때 쓰는 말! '대충 시간 때우자. 거꾸로 매달아도 국방부 시계는 간다!')

그런데 이 밉상 A는 혼자 튀겠다며 이런 사소한 일들에 목숨 거는 경우가 많았습니다. 본인은 결국 윗분들한테 귀여움 받고 모범 사병으로 뽑혀서 포상 휴가까지 몇 차례 나갔습니다만, 다른 동기들은 상사들로부터 "야, 밉상 A 좀 본받아라."라는 구박을 면하기 힘들었습니다.

물론 매사에 열심인 밉상 A를 무조건 욕할 수는 없습니다. 그러나 본인이 그렇게 '오버'를 하면 동기들이 구박받을 수 있다는 사실을 뻔히 알고서도 그랬다는 점이 문제가 아닐까 합니다.

동기들끼리 '얘들아, 이 일은 별로 중요한 일이 아닌 것 같으니 대충하자. 너희도 보조 좀 맞춰 줘.'라는 식으로 공감대를 이루고 있는데, 혼자서만 그 일에 목숨 걸고 달려들어서 다른 동기들만 졸지에 게으른 병사로 만들어 버리는 식입니다. 심지어 동기들에게 잔소리까지 해 댑니다. "야, 니들은 왜 그리 일을 못하냐. 이건 이렇게 해야 하고 저건 저렇게 해야 하는 거야." 분명 틀린 말은 아닌데, 듣고 있으면 속에서 천불 나게 하는 밉상이었습니다.

학창 시절에도 이런 사람들 꼭 있습니다. 수업 끝나고 선생님이 나가려는 찰나 "선생님 오늘 숙제 검사 안 해요?" 이렇게 자진 납세를 시도해 같은 반 친구들을 '올 킬'시키는 밉상들이 대표적입니다. 이런 친구들, 나중에 대학에 가서도 "교수님, 오늘 리포트 안 걷나요?"라는 질문을 던지지 않을까 싶습니다.

분명 도덕적으로 문제가 있는 것도 아니고, 윗분들이 보면 좋아할 사람인데 주변 사람들에게는 일순간 장탄식을 내뱉게 만드는 유형입니다.

밉상 유형 B 할 말, 못할 말 가리지 않는 동료

직장에서도 마찬가지입니다. 일부러 의도한 것인지는 모르겠지만 모든 이들이 '아, 이런 주제만큼은 피하고 싶다.'고 느끼는 순간, 바로 그 주제를 꺼내 버리는 사람이 있습니다.

아는 후배가 이를 부득부득 가는 밉상이 있습니다. 이 친구는 편의상 밉상 B라고 부르겠습니다. 후배와 같은 사무실에 근무하고 있는 밉상 B의 특기는 '은근한 고자질'이라고 합니다.

후배 사무실에 어느 날 새로운 이사님이 부임해 왔습니다. 이 이사님은 특정 지역 출신을 미워하는 이른바 '지역감정' 강한 스타일. 며칠 후 이사님 환영 회식이 열렸습니다. 몇 순배 술이 돌고, 이사님이 제 후배에게 결혼은 했느냐, 애는 몇 살이냐, 집은 어디냐, 고향은 어디냐 등등 신상을 물었답니다.

제 후배는 "서울에서 태어나서 지금껏 서울에서만 살았으니 서울이 고향입니다."라고 답했는데 이 순간 밉상 B가 끼어들어 "에이, 네가 무슨 서울이 고향이냐. 네 부모님이 ○○ 출신이니 너도 ○○이 고향인 거지."라고 말했답니다.

하필 그 이사님이 싫어하는 지역 출신임을 후배 대신 까발려 준 밉상 B. 후배는 당황해서 "아니지, 거기는 내 부모님 고향이고 난 서울이 고향이야."라고 말했지만, 이미 이사님의 인상이 변하는 게 느껴지더랍니다. 후배는 지금도 그 순간을 떠올리면 '들고 있던 소주잔을 밉상 B 면전에 퍼붓고 싶은 심정'이라고 합니다.

밉상 유형 C 남의 주머니 사정 생각 않는 동료

이뿐만이 아닙니다. 제가 전해 들은 밉상 B의 만행은 꽤 여러 가지인데요.

하루는 팀원 한 명이 집들이를 한다며 동료들을 집으로 초대했다고 합니다. 돈을 갹출해서 선물을 사 주기로 했는데, 이번에도 밉상 B가 나섰답니다. 다른 사람들은 대충 일인당 만 원씩 걷자는 것을 굳이 밉상 B만 "그렇게 되면 별로 살 물건이 없으니 2만 원씩 걷자."고 빠득빠득 우기더랍니다.

결국 다들 2만 원씩 내기는 냈는데 표정은 그다지 밝지 않았다고 합니다. 돈을 더 많이 내면 더 좋은 선물을 살 수 있다는 것을 그 누가 모를까요. 다만 각자 '주머니 사정'이 있는 것이고, 얼마 전 결혼식장에서 축의금까지 냈는데 또다시 집들이 선물용으로 돈을 2만 원씩 걷는 것에 대해 부담스러운 사람도 있었을 텐데 말이죠.

물론 밉상 B의 행동을 반드시 잘못된 것이라고 볼 수만은 없습니다. 그의 말대로 이왕 선물을 사려면 돈을 조금씩 더 모아 근사한 물건을 사는 게 더 합리적일지 모릅니다.

하지만 세상 모든 일을 합리성으로만 판단할 수는 없습니다.

때로는 다소 비합리적이라도, 주변 사람들이 공통적으로 원하는 방향에 자기를 낮춰야 할 필요가 있고, 어지간하면 남들한테 맞춰 주는 양보심이 필요할 때가 있습니다. 안 그러면 정말 눈치 없는 밉상 소리 듣기 딱 좋습니다.

눈치가 없는 것은 배려가 없는 것이다

매스컴에서 '튀어야 산다.' '남들보다 돋보여야 성공한다.' '자기 의견을 굽히지 마라.'는 식의 처세술을 앞다퉈 소개하다 보니, 정말 혼자 튀어야 성공한다는 인식을 가진 분들이 많은 것 같습니다. 이런 얘기 들을 때마다 조금 씁쓸합니다. 실력으로 튀는 게 아니라, 꼭 남들 신경 거슬리게 하면서 튀는 사람들이 있기 때문입니다.

어떤 사람이 밉상인지는 보는 이의 기준에 따라 달라질 것입니다.

나는 저 사람이 밉상이라고 생각하는데, 남들은 거꾸로 '리더십이 있다, 적극적으로 앞장선다.'고 평가할 수 있습니다. 그래서 단순히 오지랖 넓은 사람을 무조건 '나서기 좋아하는 밉상'으로 간주할 수도 없는 노릇입니다.

다만 어떤 행동으로 인해 본인은 조직에서 인정받지만 남들에게 피해를 주는 사람, 그 사람은 밉상임이 분명합니다.

내가 혹시 밉상 동료?

지금 이 순간 나는 행여 주변 사람들에게 밉상으로 비치지는 않는지, 나는 별 뜻 없이 행한 말과 행동이 누군가의 가슴에는 대못으로 박힌 것은 아닌지 스스로 되돌아봤으면 합니다.

때로는 내 생각과 달라도 조금은 손해 보는 듯 살아가는 게 장기적으로는 더 큰 이득으로 돌아올 테니까요.

회사 다니다 보면 억울한 일 한둘이 아닙니다.

가족이나 친구라면 '사정이 이러저러해서 일이 이렇게 된 것이다. 왜 나한테만 뭐라고 하느냐.'는 식으로 따질 수나 있으련만, 직장 생활 하다 보면 억울한 일이 생겨도 조직 논리에 따라 입을 다물어야 하는 경우가 많습니다.

'No'의 부메랑

기자 시절, 평소 별다른 문제 없이 비교적 원만하게 지내는 선배 A가 있었습니다. 저한테 친형님처럼 잘해 주시고, 온화한 성품을 지닌 분이라 저도 이분을 대할 때면 별 거리낌 없이 편하게 지냈습니다. 취재나 기사 작성 시 이분과 의견을 자주 나눴는데, 제가 워낙 이분을 편하게 생각했던 탓인지, 이분 의견에 몇 번 반대했던 적이 있습니다.

예컨대 "제 생각에 그 건은 이러저러해서 별로 기삿거리가 되지 않을 것 같습니다."라는 식으로 대꾸하면서 이분 의견에 반대했습니다.

그런데 얼마 후 저와 친한 또 다른 선배 B가 저를 살짝 부르더군요. 그러고는 이런 말을 전해 줬습니다.

"A 선배가 얼마 전 술자리에서 너에 대해 말을 하더라. 너한테 일 시키는 게 너무 힘들다고 하소연을 하던데, 그냥 네가 그 선배한테 좀 부드럽게 대해 줬으면 한다. 그리고 한마디만 더 하자면, 나도 너에 대해 그런 느낌을 받을 때가 종종 있었다. 네가 주장을 너무 세게 하다 보니 때로는 나 역시 기분이 상할 때가 있다."

머릿속에 불이 번쩍 들어오는 느낌이었습니다. 제 나름대로는 직장 선배들과 별문제 없이 잘 지낸다고 자부하고 있던 터였습니다. 특히 A 선배가 평소 별다른 내색을 하지 않았기에, 나로 인해 힘들어하고 있다는 사실을 전혀 모르고 있었습니다. 더구나 A 선배뿐 아니라 B 선배 역시 저때문에 기분이 상할 때가 있다는 사실을 처음 알게 됐습니다. 제 딴에는 정당하게 업무상 의견을 낸다고 낸 것이, 선배들 입장에서는 받아들이기 힘든 수준으로 버릇없어 보였던 모양입니다.

이 사건 이후 마음을 크게 고쳐먹었습니다. 제 입장에서는 당연히 할 말을 했을 뿐이고, 때로는 직장 상사들 의견이 비합리적이라고 느껴져 그 점을 지적했을 뿐인데, 받아들이는 분들 입장에서는 기분이 크게 상할 수 있다는 점을 깨달은 것입니다.

그리고 그 피해는 다른 사람이 아닌 바로 나의 직장 내 평판이 된다는 점도 절실히 느낄 수 있었습니다. '저 친구는 뻣뻣하다.' '저 친구에게 일 한번 시키려면 쉽지가 않다.'는 식의 평가는 결국 저 스스로 만들어낸 결과물입니다.

이후 가급적 선배들 의견을 우선 받아들이기로, 그리고 누군가의 의견에 동의하지 않는 지점이 있더라도 일단은 긍정적 관점에서 그 의견을 바라보자고 스스로 다짐했습니다. 또 실제 남들을 그렇게 대하기 시작했습니다.

일단 진행해 보고 이의를 제기하라

여러분, 직장 생활 하다 보면 본인 생각과 다르게 행동해야 하는 상황과 자주 부딪히기도 하고, 이 일을 왜 해야 하는지 도저히 이해가 가지 않아도 그 일을 해야 하는 경우가 자주 발생합니다. 사회생활이라는 게 학교 교과서에 나오는 것처럼 원리 원칙대로만 움직이는 게 아니다 보니 온갖 비합리적인 일들이 다 발생합니다.

이런 상황들에 어떻게 대처해 나갈지는 마음먹기에 달려 있습니다. 본인이 느끼기에 다소 비합리적인 일이라도 일단은 업무를 수행하는 직원과, 이런저런 명분을 내세워 그 업무를 끝끝내 거부하는 직원. 상사 입장에서는 어떤 직원을 더 선호할까요.

기업이 '사회 정의'가 아니라 '이윤 추구'를 존재 가치로 삼고 있다는 점에서 보면 일반적인 상사들은 전자에 해당하는 직원을 더 선호하게 될 것입니다.

직장에서 무조건 '예스맨'이 되라는 의미는 결코 아닙니다. 이왕 하는 일, 긍정적이고 기쁘게 받아들이자는 의미입니다.

아무리 생각해도 상사가 시킨 업무 중 도저히 수행하기 힘들거나 수행할 필요가 없어 보이는 경우가 분명 있습니다. 이럴 때 상사 면전에서 "이거는 이러저러해서 하지 않는 게 좋겠습니다."라고 말하는 것은 별로 좋은 태도가 아니라고 봅니다.

본인 의견을 제시했음에도 상사가 업무 수행을 지시하면, 끝까지 반대하기보다는 일단 그 업무를 어느 정도는 수행하는 '척'이라도 하는 게 낫습니다. 조금이나마 일을 진행한 상태에서 상사에게 의견을 다시 제시하면 상사 입장에서도 기분이 그리 불쾌하지는 않기 때문입니다.

예컨대 "부장님, 지난번 지시하신 일을 실제 진행해서 이 정도까지 진척시켜 봤습니다. 그런데 이번 일을 진행하다 보니 이런저런 어려움이 있어서 더 이상 일을 진척시키는 게 현실적으로 어려워 보입니다. 어떻게 해야 할까요."라는 식입니다.

처음부터 반대 의견을 내고 일을 안 하는 것보다는, 상사의 의견을 받아들여 실제 일을 일정 부분 진행해 본 뒤 그 과정에서 발생하는 문제점을 거론하며 상사에게 이의를 제기하는 방식입니다. 이런 식으로 접근하면 상사들 역시 기분이 상하지 않은 상태에서 부하 직원의 의견을 경청할 수 있게 됩니다.

의외의 결과가 나올 때도 있다

또 한 가지 중요한 포인트가 있습니다.

아무리 하기 싫거나 결과가 뻔해 보이는 일이라도 일단 긍정적인 태도로 일하다 보면 의외로 좋은 결과가 나오는 경우가 많다는 점입니다. 저역시 그런 경험이 여러 번 있습니다.

상사가 어이없는 업무를 시켰을 때 '저 원수 같은 부장, 이 일 하나마나 결과가 뻔한데 왜 자꾸 하라는 거야. 에라, 모르겠다. 일단 시작이나해 보자. 하다 보면 죽이 되든 밥이 되든 뭐가 되겠지.'라는 심경으로 일을 시작합니다.

하다 보면 점점 '그래, 어차피 이왕 시작한 거 같은 값이면 그럴 듯하게 해 볼까.'라는 긍정적인 생각이 들기 시작하고, 결국에는 '어라, 하다보니 이번 업무가 그렇게 어이없는 일은 아니었네.'라는 생각과 함께 의외로 좋은 결과물이 탄생하는 식입니다.

물론 애초 상사가 이 업무를 시킬 때 나의 태도 변화까지 예견하면서일을 시키지는 않았을 것입니다. 그러나 처음부터 아예 부정적인 태도로일을 거부하기보다는 일단 업무를 수용하고, 이왕이면 그 업무를 잘하자며 스스로에게 긍정적 에너지를 북돋우다 보면 결국 예상 못한 좋은 결과물이 나올 가능성이 높습니다.

결과를 만들어 내는 것은 마인드의 차이

일을 어떻게 바라볼 것인가, 마인드를 어떻게 컨트롤할 것인가에 따라 그 결과물이 매우 달라질 수 있습니다. 어찌 보면 사람 심리는 갈대와 같습니다. 자신에게 끊임없이 '안돼, 안돼.'라고 외치다 보면 정말 어떤 일도 하기 싫어지고, 자신감도 떨어지게 됩니다. 반면 '하자, 난 할 수 있어.'라고 스스로 격려하다 보면 갈수록 긍정 에너지가 샘솟는 것을 느낄 수 있습니다.

직장 내에서 예스맨이 되시면 어떨까요.

윗분들한테 아부 잘하는 사람이 되라는 의미는 아닙니다.

업무에 대한 예스맨이 돼 보자는 의미입니다.

'맡기면 뭐든지 잘할 수 있는 사람'

'힘들어 보여도 긍정적으로 업무를 받아들이고 이를 밀고 나가는 사람'

이런 긍정적인 태도를 보이는 직원을 싫어할 직장은 없습니다. 직장에서 예스맨으로 산다는 것은 결국 남이 아닌 나의 평판을 높여 가는 가치 있는 일이 아닐까 싶습니다.

Q 저 부장님 밑에 가면 고생문 열린다던데 어쩌지?
A 선입관을 버리라

군 복무 시절 얘기입니다.

인사이동 시즌을 앞두고 제가 속한 중대장님이 바뀐다는 소문이 나돌았습니다.(여성들은 잘 모르겠지만, 학교로 치면 대략 담임 선생님이 바뀐다고 생각하면 이해가 빠를 듯합니다.)

여러 장교가 새로운 중대장 후보로 거론되고 있었는데, 그중에는 '저 분이라면 꼭 같이 일해 보고 싶다.'는 생각이 드는 천사 같은 이미지를 지닌 분이 있는가 하면 '저 사람이 우리 중대장이 되면 차라리 탈영하고 만다.'는 생각이 들 만큼 독종이라고 소문난 후보도 있었습니다.

그리고 얼마 후 정식 인사 발령이 났습니다.

하늘도 무심하시지! 독종으로 소문난 그 최악의 장교가 하필 우리 중대장으로 결정 났습니다. 저희 내무반원을 비롯해 모든 중대원은 실망을

사내 인간관계를 위한 처세술 **111**

넘어 절망했고, 앞으로 펼쳐질 고된 군대 생활을 상상하며 고개를 떨궈야 했습니다.

얼마 후 이 장교가 중대장으로 부임해 처음으로 중대원들과 대면식을 하게 됐습니다. 자신에 대해 안 좋은 소문이 돌고 있다는 것을 아는지 모르는지 이 양반은 싱글벙글 웃으며 "앞으로 나를 큰형처럼 생각하고 힘든 일이 있으면 언제든지 내 방문을 두드려라."는 인사말을 했습니다.

가뜩이나 독종이라고 소문난 분이 쫙 찢어진 작은 눈을 희번덕거리며 저런 말을 하니, 딱 이런 생각이 들더군요. '큰형처럼 마음 놓고 굴리겠다는 수작인가?'

독종 중대장의 실체

새 중대장이 부임해 온 지 불과 며칠 뒤 하필 개인적인 일이 생겨 청원 휴가를 신청해야 할 일이 생겼습니다.(청원 휴가는 정기 휴가와는 별개로, 특별한 사유가 발생해 사병들이 휴가를 신청하는 것을 말합니다. 중대장이 허락해 줘야 나갈 수 있습니다.)

가뜩이나 독종으로 소문난 중대장한테 초장부터 '청원 휴가 좀 보내 달라.'는 말을 꺼내기가 정말 어려웠습니다. 괜스레 말 잘못 꺼냈다가 휴가는커녕 '군기 빠졌다.'며 기합이나 받지 않을까 싶어 속으로 전전긍긍하기를 며칠째.

기합받을 때 받더라도 일단 말이나 꺼내 보고 받자며 심호흡을 가다듬고, 중대장실을 찾았습니다. 덜덜 떨리는 목소리로 중대장님의 눈치를 살살 살펴 가며, '집에 급한 일이 있어 불가피하게 청원 휴가를 가고자 하니 허락해 달라.'고 사정을 설명했습니다.

그리고 다음 순간 정말 믿기 힘든 일이 일어났습니다.

찔러도 피 한 방울 안 나올 것 같았던 이 '독종'이 제 손을 꼭 잡으면서 "집에 그런 일이 있었냐, 마음고생 심했겠다. 걱정하지 말고 다녀와라."라는 위로의 말과 함께 그 자리에서 인사계(중대의 살림살이를 책임지는 부사관)를 부르더니 "이러저러해서 나가야 한다고 하니, 다음 휴가자 명단에 양성욱을 넣어 주세요."라고 지시하는 것이었습니다.

제 귀를 의심하는 순간이었습니다. 왜 이런 사람에게 독종이라는 별명이 붙었을까. 전임 중대장보다 더 따뜻하고 친절한 사람이 아닌가! 여하튼 저는 그 중대장 덕분에 청원 휴가를 무사히 다녀올 수 있었습니다.

그 후로도 예상과 달리 이분은 저희 중대원들을 여러 번 감동시켰습니다. 사병들과의 회식과 축구 시합을 자주 한 것은 물론, 불필요한 사역에 병사들이 동원되지 않도록 업무를 효율적으로 분장했습니다.

오래 지나지 않아, 이 중대장이 독종이라는 소문은 수그러들기 시작했고, 중대원들은 비교적 편안한 환경에서 군 복무 생활을 할 수 있었습니다.

제대한 지 20년이 넘은 요즘도 가끔 군 생활이 생각날 때가 있는데, 그때마다 떠오르는 인물 중 이 중대장이 빠지지 않습니다. 워낙 겁을 집어먹고 있다가 반전을 통해 좋은 분으로 기억이 남아서 그런 것 같습니다.

만일 이분을 직접 경험하지 않은 채 군대 생활을 마쳤다면 제 기억

속에 이분은 영원히 독종으로만 남아있을 것입니다.(더 정확히 말하면 아예 기억 속에 남아 있지도 않았겠죠.)

그러나 실제 경험하고 부닥쳐 보니, 소문은 소문일 뿐이었습니다. 추정컨대 누군가 이분을 폄훼하기 위해 이분의 부정적인 면을 악의적으로 부풀렸을 것입니다. 근거 없는 선입관이 한 사람을 졸지에 독종으로 만들어 놓았을 뿐이었습니다.

섣불리 판단하지 마라

여러분, 제가 드리고 싶은 말씀은 어떤 사람이나 사건, 정보에 대해 섣부른 선입관이나 편견을 가지거나 예단해서는 안 된다는 것입니다.

'정보의 홍수'를 넘어 '정보의 쓰나미' 시대에 살고 있는 현대인에게 어디까지가 사실이고 그릇된 선입관이며, 근거 없는 낭설인지 구분하는 것은 매우 중요한 일입니다. 특히 아직 가치관이 뚜렷하게 굳지 않은 젊은 분들은 어떤 인물이나 사안을 균형감 있게 바라보고, 앞뒤 좌우 골고루 살필 줄 아는 시각을 기르는 게 매우 중요합니다.

실제 사회생활을 하다 보면 '어떻게 저 나이가 되도록 저렇게 자기가 생각하는 것만 맞다고 주장할 수 있을까?'라는 답답함이 들게 하는 분들이 꽤 많습니다. 결과적으로 이런 유형의 사람들은 주변을 피곤하게 만들 뿐더러, 직장에서도 '기피 대상'으로 낙인찍히기 딱 좋습니다.

경주마에 눈가리개를 씌우는 이유

초식 동물인 말은 어디서 튀어나올지 모르는 맹수를 감시하기 위해 시각이 발달했다고 합니다. 그러다 보니 말이 볼 수 있는 시각은 350도 이상. 사실상 전후좌우를 다 볼 수 있는 시각을 가졌다고 합니다. 그러나 경마장을 나서는 말에는 눈가리개를 씌웁니다. 오로지 앞만 볼 수 있게 만들어 기수가 원하는 방향으로 달리게 하기 위해서랍니다.

여러분, 우리는 경주마가 아닙니다. 앞만 보고 달려서는 안 됩니다. 남들이 내 귀에 속삭여 주는 말만 진실이라고 믿어서는 안 됩니다. 딱 한군데서 들은 얘기만으로 그 사안을 단정해 버리면 안 된다는 뜻입니다. 인터넷에서 떠도는 괴담의 이면을 들여다볼 줄 알아야 하고, SNS에서 뭔가를 퍼 나르기 전에 '이게 정말일까?' 의심해 볼 줄 알아야 합니다. 사내에 루머가 퍼지면 그 루머를 퍼나르기 전에 배경을 꼼꼼히 살필 줄 알아야 합니다.

옆도 보고 뒤도 살피고, 속까지 들여다볼 줄 아는 균형 잡힌 시각을 키워야 합니다. 그렇지 않으면 정말 편협하고, 음모론적이고, 선입관과 편견에 따라 모든 것을 결정짓는 사람이 되기에 십상입니다.

'저 사람이 정말 그런 사람일까? 저 이야기가 정말 사실일까? 이 일이 정말 그렇게만 전개될까?' 선입관이나 편견, 섣부른 예단을 버리고 최대한 입체적으로 바라보려는 노력을 기울이다 보면 언젠가 '저 친구 정말 괜찮은 시각을 가졌다.'는 평판이 생겨납니다.

선입관 없이 다양한 시각으로 바라보라

신입사원은 아무래도 기존 직원보다는 더 젊은이다운 패기와 도전 정신을 갖기 마련입니다. 반면 사안을 다각적으로 살펴보고, 그 이면까지 성찰할 수 있는 종합적 사고력은 아무래도 기존 직원보다 떨어질 가능성이 높습니다. 직장 경험이 적기 때문에 발생하는 당연한 현상입니다. 이를 극복하기 위해서는 사안이나 현상을 아무 선입관 없이 다각적으로 바라보려고 노력해야 합니다.

사람에 대한 평가도 그렇습니다. 어느 직장에나 사람들에 대한 평가와 소문이 존재합니다. 예컨대 'A 부장은 실력도 없으면서 아랫사람들 괴롭힌다.' 'B 과장은 윗사람들한테 아부만 한다.'는 식의 소문들입니다. 물론 전혀 근거 없는 평가는 아니겠지만, 이런 소문들에 쉽게 현혹되어서는 안 됩니다. 그런 소문들이 당사자들을 깎아내리기 위한 소문일 가능성도 있기 때문입니다.

본인이 직접 경험해 보기 전까지는 선입관만으로 그 인물에 대해 평가하는 것은 그래서 위험합니다. 특히 인사철만 되면 "○○○ 상무 밑에서 일하느니 차라리 사표 쓰고 만다."는 식의 평가들 많이 나돌기 마련입니다. 그런 선입관에 따라 인사이동 희망 부서를 결정하는 것은 어리석기 짝이 없는 행동입니다.

또한 선입관에 쉽게 휘둘리거나 시각이 좁은 사람은 절대 직장에서 승승장구할 수 없습니다. 회사에서 중견 간부 이상에 오르려면, 자기가 맡은 업무 외에도 다양한 소양이 있어야 하고, 회사 업무 전반에 대해 종합적으로 바라볼 수 있는 시각이 있어야 합니다.

예컨대 인사 담당 임원은 인사 업무만 잘 알고 있으면 됩니다. 그러나 이 임원이 더 승진해 대표 이사가 되기 위해서는 인사뿐 아니라 생산, 재무, 마케팅, 판매, 총무 업무까지 회사 전반을 아우를 수 있는 넓은 시각을 가져야 합니다.

따라서 더더욱 편견과 선입관 없이, 다양한 시각으로 사안을 파악하는 능력을 키우는 것이 중요합니다. 쉽게 소문에 휘둘리거나, 본인이 직접 경험해 보지 않았음에도 남들 말만 듣고 누구를 판단한다든가 하는 식의 사고는 하루빨리 버리는 게 본인 앞날을 위해 유리합니다.

Q 나는 어떤 사원일까?
A 인정받으려면 역지사지하라

잠시나마 공기업에서 팀장으로 근무했던 경험이 있습니다. 남들은 '신의 직장'이라며 부러워하는 공기업이었지만, 평안 감사도 저 싫으면 그만이라는 속담처럼 제 적성에는 별로 맞지 않아 결국 지금 몸담은 민간 기업으로 이직하게 됐습니다.

공기업 재직 당시를 되돌아보면, 초보 팀장이었던 저와 일하느라 당시 팀원들이 무진장 고생을 했을 텐데요. 그중에서도 특히 지금까지도 고마움을 느끼는 부하 직원이 있습니다.

물렁물렁한 양 팀장과 깐깐한 A 과장의 만남

사실 저는 천성이 '꼼꼼함'과는 거리가 먼 스타일입니다. 흔히 말하는 '덜렁이'인 데다 워낙 낙천적인 성격인 터라, 어지간하면 부하 직원들한테 아쉬운 소리 잘 안 하고 대충대충 넘어가는 성격입니다.

문제는 제가 맡은 팀이 연간 예산 120억 원이 넘는 돈을 집행하는 팀이었다는 점입니다. 또한 우리 팀은 외부 대행업체를 관리하는 일을 맡고 있었는데, 남한테 쓴소리하는 것도 듣는 것도 싫어하는 제 성격과 업체들을 '깐깐하게' 관리해야 하는 일과는 부합하지 않는 면이 있었습니다. 즉 물렁물렁한 저를 대신해 누군가는 협력업체를 냉정하게 관리할 직원이 필요했던 셈입니다.

그러던 차에 저희 팀으로 A 과장이 부임해 왔습니다. A 과장은 소위 말하는 '까칠한 스타일'. 그러나 까칠한 성격만큼 자신에 대한 관리가 엄격한 사람이었습니다. 집이 서울에서 꽤 멀리 떨어진 수도권 지역이었음에도 팀원 중 가장 먼저 출근했고, 반대로 퇴근은 팀장인 저보다도 항상 늦게 했습니다.

그런 A 과장은 우리 팀으로 전임해 오자마자 저를 대신해 팀 내 '군기'를 잡기 시작했습니다. 지각이 잦은 팀원들에게는 조금 더 서둘러 출근하라는 말을 했고, 성과가 좋지 않은 직원에 대해서는 업무적인 도움과 독려를 아끼지 않았습니다.

특히 A의 존재감이 가장 두드러졌던 점은 저를 대신해 대행사들을 매우 효율적으로 관리했다는 점입니다. 제가 워낙 물러터진 성격이다 보니, 협력업체들이 업무를 다소 자기들 편의대로 하려는 분위기가 있었습니다.

하지만 A 과장이 오자마자 분위기는 완전히 역전! A 과장은 대행사들을 달달 볶아댔습니다. 심지어 대행사 공장들이 위치한 지방까지 자발적으로 출장을 다녔습니다. 이 같은 열정 덕분에 우리 팀 업무는 그 이전보다 몇 배는 신속하게 돌아갔고, 대행사들은 이전보다 월등히 개선된 제품과 서비스를 내놓기 시작했습니다. 오죽하면 관계자들이 'A 과장 때문에 살 빠질 지경'이라는 하소연을 할 정도였습니다.

저는 그럴수록 A 과장에게 '내 눈치 보지 말고 당신이 더욱 소신껏 열심히 하라.'며 더 많은 권한을 부여해 줬고, 그는 더욱 열심히 일했습니다. 저는 갈수록 그를 신임하게 되었고, 나중에는 회사 모범 사원 선정 시 A 과장을 추천했습니다.

그 공기업을 떠나 현재 회사로 이직한 지금까지도 A 과장과는 친형제처럼 자주 연락하고 지냅니다.

상사의 눈으로 자신을 바라보면

여러분, 제가 오늘 A 과장 이야기를 꺼낸 이유는 따로 있습니다.

여러분 스스로 현재 속한 직장에서 어떤 평가를 받고 있는지, 어떤 부하 직원으로 자리매김하고 있는지 상사의 눈으로 한번쯤 입장 바꿔 생각해 보라는 말씀을 드리고 싶어서입니다.(이렇게 말하는 저 자신부터 저 앞에 있는 직장 상사 눈을 못 쳐다보겠네요.)

상사가 보기에, 여러분은 어떤 부하 직원일 거라고 생각하나요?

나의 약점까지 잘 보완해 주는 고마운 부하 직원? 그냥 시키는 일을 그럭저럭 수행하는 평균적인 부하 직원? 시키는 일도 투덜대며 제대로 안 하는 '뒤통수 한 대 때리고 싶은' 부하 직원?

약점을 보완하는 직원 vs. 확대하는 직원

A 과장 같은 경우, 상사 약점을 정말 잘 보완해 준 고마운 부하 직원입니다. 누군들 남한테 싫은 소리, 쓴소리하는 것을 좋아하겠습니까. 그러나 물러터진 팀장을 대신해 그는 악역을 맡았고, 그 덕분에 저는 정말 편하게, 착한 팀장인 척하면서 팀장 역할을 수행할 수 있었습니다.

물론 일 잘하고, 직장 상사 약점까지 보완해 주는 사원이 있다면 그 사원은 최고 엘리트 사원이라고 할 수 있을 것입니다. 한마디로 앞날이 훤한 스타일입니다. 반면 업무 성과는 평균적일지라도 직장 상사가 미처 생각하지 못하거나 챙기지 못한 부분을 챙길 수 있는 부하 직원이라면, 그 직원 역시 상사들로부터 그럭저럭 좋은 평가를 받을 것이라고 생각합니다.

문제는 이도 저도 아닌 경우입니다. 일도 못하면서 상사의 약점을 오히려 확대하는 부하 직원이라면, 그 회사에서 얼마나 오래 버틸 수 있을지 짐작하기 어렵지 않습니다.

물론 여러분이 상사를 위해서 열심히 뛰어다닌다고 해서 그 상사가 여러분에게 고마움을 느낄지 아닐지는 알 수 없습니다. 아무리 내가 열심히 해도 고마워하기는커녕 오히려 까닭 없이 못살게 굴고, 날 잡아먹지 못해 안달인 '원수 같은' 상사들도 분명 존재합니다.

그러나 상사의 약점을 커버해 주려고 꾸준히 노력한다면 결국 오래지 않아 '저 친구는 상사를 대신해 어려운 일까지 해내는 친구'라는 평가가 사내에 퍼질 수밖에 없습니다.

'가장 어려운 정치는 사내 정치'라는 소리가 있습니다.

일 잘한다고, 상사의 부족함을 잘 채워 주는 직원이라고 해서 반드시 인사 고과 잘 받고 승진 잘 되리라는 보장은 없습니다.

그러나 남들이 인정해 주건 안 해 주건 본인이 열심히 생활하다 보면, 서서히 주변에 좋은 평판이 생기고 언젠가는 그런 호평이 나의 사회생활을 지탱해 주는 큰 힘이 됩니다.

당신도 언젠가 상사가 된다

특별한 상황이 아니라면 아직은 막내급 사원인 여러분 역시 언젠가는 부하 직원을 거느린 상사가 됩니다. 그때를 상상해 보세요. 여러분이라면 어떤 후배와 일하고 싶으신가요?

함께 일하고 싶은 후배 직원의 모습을 바로 지금 여러분의 행동 기준으로 삼으시면 됩니다. '역지사지'라는 말, 생각해 보면 직장 생활 하면서 이것만큼 좋은 사자성어가 없는 듯싶습니다.

내가 상사라면, 내가 부하 직원이라면……. 이렇게 상대방 입장이 돼서 생각해 보면 직장 생활에서 받는 스트레스 중 상당 부분이 해소됩니다. 저 같은 경우에도 간혹 직장 상사들이 난해한 과제를 주거나 유쾌하지 않은 업무를 맡기면 최대한 입장 바꿔 생각해 보려고 노력합니다.

한번은 토요일 밤에 직장 상사분이 전화를 걸어 왔습니다. 급한 업무가 있으니 일요일 아침에 출근해서 처리하라는 지시였습니다. 듣는 순간 저도 인간인 터라 짜증이 확 밀려옵니다. '아니, 그 일을 굳이 휴일에 출근해서 해야 하나?' 말로는 "네, 내일 출근해 처리하겠습니다."라고 대답하면서 전화를 끊었지만, 솔직히 한참 동안 분이 풀리지 않더군요.

그러나 다음 순간 곰곰이 생각해 봤습니다. 내가 상사였어도 이런 상황이라면 부하 직원에게 어쩔 수 없이 휴일 근무를 지시했을 것 같다는 결론이 나오더군요. '그래, 어차피 휴일 출근이 결정된 바에야 꿍얼대지 말고 그냥 즐겁게 일하자.'는 타협이 뒤따랐고요. 그런 식으로 입장 바꿔 생각해 보니, 휴일 근무에 따르는 스트레스가 조금은 줄어들었습니다.(일종의 자기 위안이라고도 할 수 있을 것 같습니다.)

인사 고과를 높여 주는 역지사지의 자세

여러분, 직장 생활 하다 보면 어이없는 업무 지시를 받을 때도 있고, 어떤 때는 '내가 꼭 이런 일을 해야 하냐, 이 바보 같은 상사야!'라고 냅다 소리치고 싶은 충동이 일 때도 있습니다.

하지만 한 박자만 참아 보세요.

그리고 여러분이 그 상사라면 어떻게 했을까 하고 상상해 보세요.

상사의 고민과 부족한 부분까지 채워 주는 엘리트 사원은 되지 못해도, 최소한 '이러한 이유로 이 일을 시키는가 보다.'라고 상사를 이해해 주는 습관만 생겨도 스트레스는 팍팍 줄고 인사 고과는 쑥쑥 올라가지 않을까 싶습니다.

Q 도대체 어디까지 맞춰야 하는 거지?

A 진정한 팔로워가 되려면

아는 선배한테 들은 얘기입니다.

남들 다 싫어하는 야근을 자진해서 할 정도로 성실하게 업무를 처리하던 A 대리가 있었답니다. 별빛 달빛 보며 퇴근하는 게 일상다반사였던 그는 업무 진행 상황을 문자 메시지를 통해 수시로 상사들에게 보고했다고 합니다.

예컨대 밤 11시쯤 야근 마치고 퇴근하면서 "상무님, 부장님. 오후에 지시하신 ○○ 업무를 방금 다 완료해 상신해 놨습니다. 내일 아침 출근하셔서 검토하신 뒤 결제해 주시면 될 것 같습니다."라는 식의 메시지였습니다.

자기 딴에는 '상사가 지시한 업무를 한시라도 빨리 처리하고, 피드백을 드리는 게 부하 직원의 도리'라는 생각을 했던 모양입니다. 마음 한 켠에서는 '이 시각까지 이렇게 열심히 일하고 있다는 티를 좀 내야겠다.' 는 생각이 있었을 수도 있겠죠.

그런데 세상일이 자기 마음먹은 대로만 풀리고, 자기 의도대로만 모든 사람이 이해해 주지는 않는 법인가 봅니다. A 대리로부터 문자 메시지를 자주 받던 상무가 어느 날 부장에게 이런 얘기를 했다고 합니다.

"이봐 홍 부장, A 대리는 젊은 사람이 왜 그런 식으로 일하지? 자기가 일을 하면 했지 왜 그걸 굳이 밤늦은 시각에 보고까지 하고 그러냐고. 자기가 야근하면서 일 열심히 했다는 것을 나한테 보여 주고 싶은 건가? 아니면 나는 이렇게 열심히 야근까지 하는데 상무 당신은 일찍 퇴근하느냐고 따지고 싶은 겐가? 나 원 참!"

팔로워십의 문제 vs. 리더십의 문제

여러분은 이 일화에서 무엇을 느끼나요.

야근을 자처할 정도로 열심히 일하는 부하 직원을 칭찬은커녕 비난하는 상사의 속 좁음이 보이나요? 아니면 상사 취향을 제대로 읽지 못하는 A 대리의 우둔함이 보이나요?

물론 정답은 없습니다. 심야에 문자 메시지를 자주 보낸 A 대리의 행동을 '오버'라고 생각할 수도 있고, 거꾸로 열심히 일하는 부하 직원을 칭찬하기는커녕 비아냥대는 상무가 옹졸하다고 생각할 수도 있습니다.

하지만 중요한 것은 누가 옳고 그르냐가 아닙니다. 우리가 주목해야 할 지점은 최소한 이 A 대리가 속한 팀에서는 A 대리와 부장, 상무가 최적의 팀워크를 이뤄 내기가 상당히 어려울 것이라는 점입니다.

잘잘못을 따지기에 앞서 어쨌든 A 대리의 팔로워십(Follower-Ship)에 문제가 있어 보이는 것은 분명합니다. 상사가 원치 않는 방식으로 반복해서 보고한 것은 제대로 된 팔로워십을 발휘했다고 보기 어려운 거죠.

상무 리더십도 문제 있다고요? 당연히 이 상무 역시 일반적인 의미의 리더십을 발휘하고 있다고 말하기는 힘듭니다. 그러나 한 조직에서 이미 상당한 직위를 차지하고 있는 인물에게 태도를 바꾸라고 말하기는 매우 어렵습니다. 그분들은 이미 자신만의 스타일로 승부해 오늘날 그 높은 자리까지 오른 분들이기 때문입니다. 불행하게도 여러분이 그 같은 고위직 인사가 아니라면, 상사 리더십에 대해 왈가왈부하기 어렵습니다. 그보다는 차라리 내가 바뀌는 게 빠르고 현실적입니다.

모두가 리더가 될 수는 없다

모두들 리더십을 말하는 세상입니다. 어떻게 하면 리더십을 잘 발휘하고 어떻게 하면 훌륭한 리더가 될 수 있을까. 세상 관심은 온통 한 개인이 어떻게 뛰어난 리더가 될 수 있고, 어떻게 탁월한 지도자가 될 수 있느냐에만 쏠려 있습니다. 자기 자신이, 자녀가 사회를 이끄는 리더가 되기를 희망하고, 그렇게 되기 위한 교육과 훈련에 막대한 시간을 쏟아 붓습니다. 그러나 현실적으로 모든 사람이 리더가 될 수는 없으며, 그럴 필요도 없습니다.

기업을 예로 들어볼까요.

큰 기업 같은 경우 신입사원을 뽑으면 적게는 수백, 많게는 수천 명이 함께 입사합니다. 이 중에서 훗날 경영진에 오르는 사람은 극소수입니다.

2011년 한국경영자총협회가 조사한 바에 따르면, 신입사원이 훗날 경영진에 오를 확률은 0.8퍼센트라고 합니다. 1,000명이 입사한다면 그중 단 8명이 임원이 된다는 의미입니다. 신입사원 1,000명중 992명은 사회 통념상 '리더'라는 호칭을 부여받을 만한 자리에 오르지 못합니다.

그럼에도 기업들은 그 무수한 직원들에게 어떻게 리더십을 배양해야 할지 머리를 싸맵니다. 직원들 역시 본인이 리더가 되기 위해 이런저런 자기 계발에 힘씁니다. 물론 리더십을 배양하는 것 자체가 나쁜 현상은 아닙니다.

다만 시간과 비용의 효율성을 따져 본다면 리더가 될 만한 자질을 갖추라는 구호 아래 모든 구성원에게 리더십 교육을 시키는 것은 분명 '교육 과잉'으로 보입니다.

정작 여러분이나 저나 앞으로 살아가야 할 나날은 '리더'가 아니라 '팔로워'으로서의 삶이 대부분인데 말이죠.

꽃보다 팔로워십

여러분, 리더십도 중요하지만 그보다는 동료, 친구, 주변 사람들과 어떻게 잘 융화하면서 살아갈 것인지를 고민하는 게 더 효율적인 사회생활이 되지 않을까 싶습니다.

남들 하자는 대로 아무 생각 없이 따라 하는 삶을 살라는 것은 아닙니다. 윗분들 눈치만 보는 '손바닥 비비기'형 직장인이 되라는 말은 더더욱 아닙니다. 다만 개인 역량이나 리더십 계발만큼, 주변 사람들과의 조화도 중요하다는 점을 말씀드리고 싶은 것입니다.

독불장군에게 미래는 없다는 말이 있습니다.

'역발상을 하라.' '창조적 파괴자가 되어라.' '당당한 부하가 되어라.' '개성이 있어야 산다.' 등등 말은 좋지만, 실생활에서 저런 조언들이 과연 얼마만큼 효율적일지는 의문입니다.

리더를 꿈꾸기 이전에, 지금 나는 내 조직에서 얼마만큼 가치를 인정받는 팔로워인지 한번쯤 되돌아보는 시간을 가져 봤으면 합니다.

사회생활하다 보면 주변에서 이런저런 부탁을 많이 받게 됩니다. 여러분 중에도 아마 아래와 같은 경험을 한두 번은 하셨을 것입니다.

예컨대 "너네 회사에서 협찬하는 ○○ 콘서트 입장권 구할 방법 좀 없냐."라는 친구들 부탁에서부터 "내 조카가 너네 회사 입사하려고 하는데, 올해 채용 공고 언제쯤 뜨는지 알아봐 줄 수 있어?" 하는 부탁까지, 흔히 '민원'이라고 불리는 이런 부탁을 처리할 때 한 번쯤 생각해 볼 문제가 있습니다.

누군가에게 어떤 부탁을 받으면, 그 부탁을 해결해 줄 수도 있고 때로는 못 해 줄 때도 있습니다. 원래 민원이라는 게 일반적인 루트를 통해서는 해결이 안 되는 문제인 경우가 대부분입니다. 그렇다 보니 어떻게든 지인을 통해 해결을 부탁하게 됩니다. 즉 민원 중 대부분은 처리가 쉽지 않은 과제들입니다.

중요한 것은 민원을 해결해 주든 못해 주든, 그 과정에서 최대한 상대 방에게 성의를 보여 줘야 한다는 점입니다.

부탁하는 사람의 심경을 헤아려 보라

예전에 제가 직접 경험했던 사례를 들려드릴까 합니다.

평소 친분이 있던 A라는 공무원이 문자 메시지를 주셨습니다.

A는 정부 산하 위원회에 계약직 공무원으로 근무하고 있었는데, 워낙 일을 열심히 잘하는 터라 주변 평판이 아주 좋았습니다. 그러던 어느 날 이 위원회에 새로운 위원장이 부임했는데, 이 위원장은 불행히도 A를 탐탁지 않게 여겼고, 결국 A는 재계약 연장 불가 통고를 받았습니다.

졸지에 실직자가 된 A는 다급한 마음에 친분 깊은 주변 사람들한테 문자 메시지를 보냈습니다. '여차여차 해서 졸지에 직장을 잃었으니 마땅한 취직자리 있으면 소개 좀 해 달라.'는 내용의 문자였습니다.

문자를 받자마자 A에게 전화해 봤더니 아나나 다를까, A는 완전히 풀 죽은 목소리로 "문자 내용 그대로 백수가 됐어. 혹시나 사람 뽑는다는 소식 듣게 되면 좀 알려 줘."라는 부탁을 했습니다.

이후 저는 A의 자리를 알아보기 위해 몇 군데 전화도 돌려 봤지만 자리가 그렇게 쉽게 나지는 않았습니다. 그래도 중간중간 A에게는 "현재 어디에 자리가 있는지 알아보고 있다."는 얘기를 꼭 해 줬습니다.

A는 그 뒤로도 몇 개월을 백수로 지냈지만 결국 지방 국립대학의 산

학 협력단 교수 공개 채용에 합격, 현재는 대학 교수님으로 캠퍼스를 누비고 있습니다.

민원 처리의 원칙 1 정성스레 처리하라

여러분, 제가 이 사례를 들려드린 이유는 "내가 누구를 취업시켜 주려고 열심히 알아봤다."고 자랑하려는 의도가 아닙니다.

위에 말씀드렸듯, 결과적으로는 제가 별다른 도움을 주지 못했습니다.

다만 제가 여러분께 드리고 싶은 말씀은, 누군가 여러분에게 뭔가를 부탁해 오면 그 결과와 상관없이 상대방이 고마움을 느낄 수 있도록 최대한 신속하고, 정성스레 일을 처리해 주라는 것입니다.

누군가에게 뭔가를 부탁한다는 것은, 그만큼 절박한 이유가 있다는 의미입니다. 본인이 쉽게 처리할 수 있는 일이라면 구태여 남들에게 아쉬운 소리할 필요는 없는 법이니까요.

그만큼 상대방은 많은 고민 끝에 나에게 부탁해 오는 셈인데, 그런 부탁을 받은 제가 만일 그 일을 건성건성 처리한다면 상대방은 얼마나 실망이 크겠습니까.

저도 사회생활하면서 남들에게 크고 작은 부탁을 자주 하게 되는데, 그때마다 상대방이 진정 나를 중히 여기는지 아닌지 느낌으로 알 수 있습니다.

내 딴에는 고민 끝에 어렵게 말을 꺼내 상대방에게 부탁했는데, 상대방은 듣는 둥 마는 둥 할 때가 가장 화가 나더군요. 특히 부탁을 해 놨는데, 일이 어떻게 진행돼 가고 있는지 감감무소식일 때 정말 속으로 울화통이 터집니다. 생각 같아서는 당장이라도 전화해서 '부탁한 그 일 어떻게 진행되고 있느냐.'라고 묻고 싶지만, 어렵게 부탁하는 처지에 추가로 전화하면 자칫 상대방이 이를 '재촉'으로 느껴 불쾌해할까 싶어 혼자 애만 태우게 됩니다.

일이 잘 진행되고 있는 것인지, 된다면 언제쯤 될 것 같은지, 안 되면 왜 안 되고 있는 것인지……. 민원을 한 사람은 모든 게 궁금하고, 귓등으로라도 진행 상황을 알고 싶은데 상대방은 전화 한 통 없고 참 답답한 상황이 됩니다.

민원 처리의 원칙 2 경과를 보고하라

제가 위에 말씀드린 사례에서 강조하고 싶은 점은, 반드시 중간에 일의 경과를 전화로 설명해 드렸다는 점입니다.

한번 생각해 보세요. 일자리를 구하는 사람이라면 얼마나 애간장이 타고, 혹시라도 좋은 소식 있을까 싶어 저의 전화를 애타게 기다리고 있겠습니까. 그런 상황에서 아무런 연락이 없다면 아마 부탁한 사람의 속은 더욱 새까맣게 타들어 갈 것입니다.

제 생활신조 중에 하나는 누구에게 무슨 부탁을 받든, 그 부탁이 실현할 수 있든 그렇지 않든 반드시 중간에 꼭 보고해 주자는 것입니다.

이는 인간관계를 맺는 데 있어 중요한 기본 사항임에도, 생각보다 이를 지키지 못하는 분들이 너무 많은 것 같습니다. 그런 분들에게는 솔직히 서운함이 느껴지고, 신뢰가 떨어질 수밖에 없습니다.

주는 만큼 받는다는 사실을 기억하라

여러분은 누군가 부탁을 해 오면 어떻게 일을 처리하나요?

내 일이 아니니까 그냥 대충 처리하다가 나중에 전화가 오면 "미안하다. 그거 해결 어렵다. 딴 데 가서 알아봐라."라고 결과만 말해 주는 편인가요? 아니면 "당신이 부탁한 것 알아봤는데 쉽지 않더라. 그래서 다른 방법으로 알아보고 있다."며 먼저 연락을 해 주는 편인가요?

어느 쪽이 더 사회생활 잘하는 것인지는 물어보나 마나 한 질문일 것입니다. 그러나 실제로는 제 주변에서도 어떤 부탁을 하면 전자의 경우처럼 감감무소식인 분들이 적지 않습니다.

그런 분들, 솔직히 다시는 뵙기 싫어집니다. 거꾸로 얘기하면, 그런 분들은 정작 본인이 뭔가 필요하고 도움이 필요한 사안이 발생했을 때 주변 분들로부터 별다른 도움을 받기 힘들어집니다. 주는 만큼 받고, 받는 만큼 주는 게 사회생활의 냉엄한 원리니까요.

직장에서도 마찬가지입니다. 선후배, 동료를 막론하고 누가 어떤 부탁을 하거나 업무 지시를 내리면 되든 안 되든 반드시 신속하게 처리해 주되, 경과를 반드시 알려 주세요. 조금 귀찮더라도 남이 어려울 때 정성을 다해 도와주면 훗날 내가 어려울 때 큰 도움으로 되돌아오게 마련입니다.

혈연, 학연, 지연이 별 볼 일 없다면
'업연'으로 승부하라

대한민국 사회가 연고(緣故)를 중시하는 사회라는 데는 다들 이견이 없을 것입니다. 어떤 모임이 됐든 처음 소개받은 분들끼리는 서로 집이 어디냐, 고향이 어디냐, 본관이 어디냐를 물으며 삶의 궤적이 겹치는 부분이 없는지 살피느라 여념이 없습니다.

직장까지 따라오는 인연의 고리들

직장이라고 크게 다르지 않습니다.

근무 부서 배치받고 처음 출근하면 가장 먼저 받는 질문이 "고향이 어디냐."는 경우가 많습니다. 외국에서는 어지간하면 사생활과 관련한 질문은 피하는 게 에티켓이라지만, 우리 같은 경우는 곧바로 '집은 어디냐, 누구와 살고 있느냐, 결혼은 했느냐, 안 했다면 언제 할 거냐, 자식은 몇 명이냐, 몇 학년이냐, 배우자는 뭘 하느냐.' 등등 민감한 질문이 서슴없이 날아듭니다. 질문을 받는 사람 역시 별 거리낌 없이 대화를 이어나가죠.

그나마 요즘에는 예전에 비해 출신 학교를 공개적으로 묻는 일은 좀 드물어진 것 같습니다. 본인이 밝히지 않는 한, 상대방의 학벌을 묻는 것은 실례라는 인식이 강해졌기 때문인 듯합니다.

그래서인지 같은 사무실에 근무하면서도 한동안 서로 동문인지 몰랐다는 분들을 여러 번 본 적이 있습니다. 그렇지만 얼마 지나지 않아 '이번에 총무과에 들어온 ○○ 씨가 우리 동문이다.'는 식의 귓속말이 동문들 사이에 은근히 퍼져 나갑니다.

한국 사회가 워낙 씨줄 날줄처럼 이런저런 인연으로 얽혀 있고, 지역적으로 단 몇 개의 대도시에 거의 모든 기업이 모여 있다 보니 어딜 가든 동족, 동향, 동문으로 연결되기 마련입니다. 저 같은 경우 중학교 때 함께 뛰놀던 같은 반 친구의 부친이 나중에 알고 보니 학과 교수님이었는가 하면, 군대 생활을 함께 한 동기의 사촌 동생이 제 학교 후배가 되더군요.

결국 혈연, 지연, 학연은 본인이 아무리 거부하고 숨기려 해도 죽을 때까지 따라다니는 징표로 남는 경우가 대부분입니다.

연줄이 없어서 고민이라면

문제는 이 같은 각종 연(緣)이 시원찮아서 사회생활에서 이래저래 손해 본다고 느끼는 분들이 의외로 많다는 점입니다. 소위 '빽'이 약하다고 푸념하시는 분들입니다. 직장에서도 특정 학교 출신들이 승승장구하는 반면 본인은 계속 '물먹는다.'고 생각하는 분들이 적지 않고, 이 같은 현상이 어느 정도는 사실인 경우가 많습니다.

요즘은 어떨지 몰라도 한때 공직 사회에서는 특정 지역 출신이 요직을 독차지 한다는 비판의 목소리가 적지 않았습니다. 대통령이 누가 당선되느냐에 따라 혹은 자신이 속한 조직의 수장이 누가 되느냐에 따라 특정 지역 인사들은 득세하는 반면 나머지 지역 출신은 한직으로 밀려나는 경우를 말합니다. 조직 발전을 위해서나 사회 발전을 위해서나 이 같은 연고 중심의 파벌주의는 하루 빨리 없어져야 할 폐단입니다.

그러나 일개 개인이 이런 폐단을 없애는 잔 다르크가 될 수는 없는 노릇이죠. 사회의 틀을 바꾸기 힘들다면, 어쨌든 그 틀 안에서 어떻게든 대안을 마련해야 하는데요.

'업연'을 중시하라

그래서 말씀드리고 싶은 것이 바로 '업연(業緣)'을 중시하라는 것입니다. 혈연, 학연, 지연이 약하다고 느끼는 분일수록 업연을 키워 나가는 것은 어떨까 싶습니다.

업연? 불교에서 말하는 '업보를 통한 인연'이 아닙니다. 여기서의 업연은 직업을 통해 쌓은 인연을 말합니다. 쉽게 말하면 직장 생활 혹은 사회생활을 하면서 쌓은 인연을 말합니다. 혈연, 학연, 지연은 한번 만들어지면 특별한 경우를 제외하고는 평생 변경하기가 힘들고, 본인이 바꾼다고 바꿔 봤자 남들이 잘 인정해 주지 않습니다. 반면 업연은 본인이 어떻게 하느냐에 따라서 충분히 변경이 가능하고, 바로 지금 이 순간부터 쌓아나갈 수 있다는 장점이 있습니다.

하루가 멀다 하고 붙어 다니던 학창 시절 단짝 친구도 직장 생활 하다 보면 점점 만날 기회가 줄어듭니다. 더 정확히 말하면 바쁜 회사 업무와 야근, 각종 회식에 지쳐 직장 외 사람들 만날 여유가 없어집니다. 그러다 보면 학교 동창이나 동향 친구를 만나는 횟수는 점점 줄어들고, 어느덧 일 년에 한두 번 만나는 사이가 되어 버립니다. 각종 송년 모임에 나가 보면 대부분 "내년에는 자주 모이자."며 파이팅을 외치지만, 결국 이런 분들은 그 이듬해에도 송년회에 나가서야 얼굴을 보게 될 확률이 높습니다.

거꾸로 말하면, 우리가 지금 몸담은 직장에서 만나는 분들은 어지간한 고향 친구, 학교 친구보다 지금의 나를 더욱더 정확히 알고 있고, 유사시 기대고 비빌 언덕이 될 수 있다는 의미입니다.

이직할 때 결정적인 업연의 힘

업연이 특히 중요한 순간은 직장을 옮길 때입니다. 요즘 많은 기업은 외부에서 인력을 충원할 때, 우선적으로 해당 부서 직원들이 좋은 인재를 추천하도록 합니다. 이때 직원들은 자신이 아는 외부 인사를 추천하면서 절대 "제 고향 후배인데요, 한번 데려와서 일해 보는 게 어떨까요."라는 식의 추천을 하지 않습니다. "제가 전 직장에서 데리고 있던 인물인데 정말 일을 잘합니다."라는 식으로, 본인과의 업연을 추천 사유로 드는 게 일반적입니다.

이는 자신과 혈연, 학연, 지연으로 연결된 인사를 추천한다는 게 뭔가 '속 보이는 짓'으로 보일까 봐 우려되어서기도 하겠지만, 근본적으로 업연을 통하지 않고서는 그 인물의 업무 실력을 알 수가 없기 때문이기도 합니다. 아무리 학창 시절 친했던 사이거나, 어린 시절부터 같은 고향에서 뛰놀던 친구라도 그 사람이 이 업무를 잘할지 못할지는 전혀 검증이 안 된 상태입니다. 학창 시절 나를 잘 따랐던 후배니까 이 업무를 맡겨도 잘 할 것이다? 천만의 말씀입니다. 학연, 혈연, 지연과 지금 업무를 잘 할 수 있느냐는 완전히 별개의 문제입니다.

반면 업연을 통해 맺어진 사람은, 이미 함께 일한 경험이 있기에 이 업무에 추천을 해도 되는지 안 되는지 정확하게 파악이 가능합니다. '예전 직장에 있을 때부터 이 친구의 업무 능력은 익히 알고 있다. 지금 내 부서로 스카우트해 와도 충분히 일을 잘할 것이다.'라는 믿음이 있는 셈입니다.

실제 많은 분들의 이직 경로를 들어 보면 갈수록 '고교 선배를 따라서 직장을 옮겼다.'는 식보다는 '함께 모셨던 이사님이 타 기업으로 가면서 그 밑에 있던 나를 데려가셨다.'는 식의 사유가 많아짐을 알 수 있습니다.

그래서 업연은 중요합니다. 아예 현재 몸담은 업종과 완전히 동떨어진 새로운 분야에 도전하지 않는 한, 한 번 업연을 잘 맺어 놓으면 두고두고 본인에게 도움이 될 수 있습니다. 또 업연으로 맺어진 분들은 어쨌든 나와 같은 분야에 몸담은 선후배이므로 실질적이고 구체적인 도움을 줄 수 있습니다.

아무리 같은 고향 출신에 같은 전공을 공부했어도 선배는 제약 회사로, 나는 전자 회사로 취업했다면, 이 선배가 나에게 업무적으로 도움을 줄 수 있는 여지는 별로 없습니다. 반면 한 업종에서 업연을 맺은 사이라면, 평소에 그 업종에 관련한 여러 가지 문제점을 상의할 수도 있고, 나중에 직장을 옮길 때도 이런저런 조언과 정보를 얻을 수 있습니다.

지금 당신이 노력하기에 달렸다

혈연, 지연, 학연보다 업연이 중시되는 현상은 매우 바람직하다고 생각합니다. 본인이 아무리 발버둥 쳐 봤자 어쩔 수 없는 혈연, 지연, 학연은 어찌 보면 후진적 인연이라고 할 수 있습니다. 반면 사회생활을 통해 업무 현장에서 맺은 업연은 선진적 인연이 아닐까 싶습니다.

이제 막 사회생활에 첫발을 내디뎠다면 앞으로 직장 생활을 통해 좋은 인연을 많이 만드는 데 신경을 쓰셨으면 합니다. 지금까지 여러분이 쌓아 온 혈연, 지연, 학연은 별 노력을 하지 않아도 여러분이 죽을 때까지 꼬리표로 따라다닐 것입니다. 반면 업연은 지금부터 여러분이 얼마나 열심히 노력하느냐에 따라 그 폭과 넓이가 풍부해질 수도, 반대로 얄팍해질 수도 있습니다.

업연 쌓는 것을 어렵게 생각하지 마십시오. 지금 바로 사무실 옆자리에 있는 동료와 선후배를 챙기는 게 업연 쌓기의 시작입니다.

PART 3

선배,
나
이직할까 봐

커리어 관리를 위한 10가지 조언

Q 마음에 안 드는 부서로 가라는데, 그만둘까 봐
A 장기적으로 보라. 위기는 기회다

신문사 재직 시절 경험담입니다.

어느 날, 회사에서 새로운 매체를 창간한다는 소문이 나돌았습니다.

새로운 매체는 일반 기업으로 치면 신사업 부서 같은 곳인데, 이런 부서는 업무량이 많을 수밖에 없습니다. 업무 전 과정을 처음부터 직접 기획해야 하고, 참고할 만한 기존 업무 매뉴얼이 없어서 하나부터 열까지 모든 것을 직접 몸으로 부닥치며 만들어나가야 합니다. 흔히 말하는 '맨땅에 헤딩'을 해야 한다는 의미입니다.

회사 전체가 술렁였습니다. 온갖 소문이 나돌았습니다. '거기에 발령 나면 죽도록 고생한다더라.' '윗분들한테 찍힌 사람들을 거기에 보낸다더라.' '거기 갔다가 실적 안 좋으면 다시 원대 복귀 못 하고 그냥 퇴직한다고 하더라.'

사내에 온갖 루머가 횡행했습니다. 드러내놓고 말은 못하지만 다들 '설마 나는 아니겠지, 아니어야 할 텐데.'라는 식으로 조마조마해하는 눈치였습니다. 그리고 얼마 후 인사 발령이 공지됐습니다. 제가 있던 팀에서만 세 명이 차출됐습니다. 저도 포함이었습니다.

어차피 회사에서 거의 졸병급이었던 저로서는 현재 부서에 있으나 신설 매체에 가나 고생하기는 매한가지였기에 그다지 큰 신경을 쓰지는 않았습니다만, 이왕이면 현재 부서에 머물고 싶다는 생각을 하고 있던 터였습니다. 솔직히 기분이 그다지 유쾌하지는 않았습니다. 새 매체로 발령받은 직원들 대부분 심기가 편해 보이지는 않았습니다. 반면 발령의 화살을 피하기 위해 치열한 로비전을 펼친 일부 직원들은 안도의 한숨을 내쉬는 눈치였습니다.

달갑지 않은 인사이동에서 배운 것들

여하튼 이때부터 약 1년 반 동안 새 매체 창간 팀에서 일하게 됐습니다. 애초 우려했던 대로 정말 별의별 고생을 다 했습니다. 처음 만드는 팀이다 보니 업무 노하우를 가진 분이 없었고, 문제가 발생해도 참고할 만한 전례가 없었습니다. 맨땅에 헤딩은 밥 먹듯이 했고, 시행착오는 일상다반사였습니다.

하지만 당시 고생한 만큼 얻은 것도 적지 않았습니다.

하나의 매체를 만들어 실제 독자들 손에 쥐여 주는 순간까지 모든 과정을 배울 수 있었습니다. 기사 쓰고 제목 다는 좁은 의미의 신문 제작 과정을 넘어, 윤전기 가동 시스템, 광고 유치, 협찬 캠페인, 신문 배달 등의 전 과정을 배울 수 있었습니다.

결국 되돌아보면, 당시 제가 한숨 내쉬며 받아들였던 그 인사 발령 덕분에 언론사 시스템에 관한 제 시야는 예전보다 훨씬 더 넓어질 수 있었습니다.

인사이동, 마음을 비워라

여러분, 모든 직장에는 누구나 한 번쯤 가고 싶어 하는 '꽃보직' 선호 부서가 있는 반면 '저곳으로 가느니 차라리 퇴사하고 만다.'는 생각이 들 정도의 기피 부서가 있습니다. 문제는 그 부서에도 누군가는 가서 일을 해야 한다는 점입니다. 직장 생활 내내 그런 부서를 피해 다닐 수 있다면 좋으련만, 직장 생활이 꼭 자기 뜻대로만 되지는 않습니다.

때로는 본인 의사와 상관없이 마음에 안 드는 부서로 발령 날 때가 있습니다. 마찬가지로 지금 부서에서 행복한 나날을 보내고 있는데 난데없이 이곳을 떠나라는 인사 발령이 나기도 합니다.

중요한 것은 여러분이 원하지 않는 인사가 났을 때 어떻게 반응할 것인가 하는 문제입니다. 인사 발령은 인사권자의 고유 권한입니다. 기업이라면 보통 사장이 인사권을 행사합니다. 그래서 한 번 방이 붙은 인사 발령을 되돌리는 것은 매우 어려운 일입니다. 상사한테 애걸복걸해 봤자 별다른 해결책이 있을 리 만무합니다. 상사 처지에서도 사장이 내린 결정을 번복시키는 게 쉬운 일은 아니기 때문입니다.

위기는 기회가 될 수 있다

인사 관련해서는 본인 마음가짐이 중요합니다. 남들이 다 싫어하는 기피 부서일수록, 그곳에서의 근무 경력이 먼 훗날 자신에게는 오히려 경쟁 무기가 될 가능성이 크다는 것을 명심해야 합니다.

예컨대 '남들이 가기 싫어하는 ○○ 부서에 가라고 했을 때 회사를 위해 군말 없이 따랐고, 가서 몇 년간 고생했다.'는 식으로 회사에 대한 충성심을 증명하는 단서로 사용할 수 있습니다. 또 기피 부서일수록 조금만 성과를 내도 조직 내에서 더욱 인정받을 기회가 많아집니다.

반면 보통 '꽃 보직'이라고 부르는 선호 부서는 워낙 전입 희망자들이 많기 때문에 어지간히 업무 성과를 내지 않고서는 좋은 평가를 받기 어렵습니다. 그 부서에서 느끼는 비애를 토로해 봤자 "야, 그 좋은 부서에서 뭘 그리 힘들다고 징징대냐. 나랑 바꿀래?"라는 핀잔만 듣기 십상입니다. 쉽게 말하면 화원 속 장미보다 쓰레기통 속 장미가 더욱 눈에 띌 수 있다는 것입니다.

특히 신참급 직원들이 피해야 할 것은 동네방네 소문 다 날 정도로 인사 발령에 대해 거부감을 보이는 태도입니다. 회사에서 딱 찍히기 좋은 유형일 뿐더러 자칫 나머지 회사 생활 내내 본인에게 마이너스 요인으로 작용할 수도 있습니다.

당돌한 신입사원의 투쟁

광고회사 기획 부서 국장으로 있는 A 선배로부터 들은 얘기입니다. 근무 성적이 영 시원찮은 사원이 있었다고 합니다. 동료들과 관계도 원만치 않을뿐더러 A 선배한테 늘 꾸중을 듣던 사원이었다고 합니다.

마침내 인사 시즌이 다가왔고, A 선배는 이 사원을 타 부서로 전출해 달라는 요청을 인사 담당자에게 했다고 합니다.

이제 하루 이틀만 있으면 사내에 인사이동 명단이 정식으로 고지될 순간이었습니다. 소동이 벌어진 것은 이때부터였습니다. 자신이 타 부서로 전출될 것이라는 소문을 접한 이 사원은 "난 지금 부서가 좋다. 새로 가라는 저 부서에는 절대 가기 싫다."며 난리를 피우기 시작했습니다.

대담하게도 인사과에 직접 찾아가 자신에 대한 인사이동을 철회해 줄 것을 요청했습니다. 그것도 모자라 퇴근 후 A 선배 집에 찾아와 몇 시간 동안 아예 죽치고 앉아 자기가 왜 타 부서로 가면 안 되는지 장문의 호소와 읍소를 했다고 합니다.

입장이 난처해진 A 선배는 "이미 사장님 결재까지 난 사안이라 이제 와서 바꾸기는 힘들다. 그곳에 가서 새로운 업무를 배워 보는 것도 너한 테는 나쁘지 않다."고 설득했지만 막무가내였습니다.

이 사원이 꺼낸 최후 카드는 사표 제출이었습니다. 다음날 출근하자마자 "국장님, 타 부서로 가느니 차라리 회사를 관두겠습니다."라며 사표를 제출해 버린 것입니다.

깜짝 놀란 A 선배는 부랴부랴 윗선에 보고했고, 우여곡절 끝에 결국 이 사원은 자기 뜻대로 인사 발령 철회라는 달콤한 승리를 맛볼 수 있었 습니다.

사소한 전투에 목숨 걸지 마라

여러분, 이 사원이 거둔 승리가 진정한 승리로 보입니까?

제 기준으로 보면 이 친구, 흔히 말하는 '전투에서는 이기고 전쟁에서는 졌다.'라는 비유에 딱 들어맞는 사례가 아닐까 싶습니다. 비록 자신이 원하는 대로 현 부서에 머무는 데는 성공했을지 몰라도 회사에서 이 사원에 대한 이미지가 어떻게 굳어졌을지는 뻔합니다.

A 선배가 당초 이 사원을 인사 발령 내려던 이유가 '업무 부진'이었다는 점이 중요합니다. 우여곡절 끝에 이 사원은 현 부서에 잔류하게 됐지만, 다시 한 번 주어진 이번 기회에서도 별다른 역량을 보여 주지 못한다면 이번에는 타 부서 전출에서 끝나는 게 아니라 아예 퇴출이라는 극약 처방이 내려질지도 모를 일입니다.

직장 생활, 길게 생각하라

회사는 학교, 가정과는 기본 개념이 완전히 다른 곳입니다. 자신이 원하지 않는 일이 주어져도 일단 수행해야 하는 곳이 회사입니다. 좀 비정한 얘기일지 몰라도, 이 같은 원칙에 반하는 태도를 보이는 직원을 회사에서 높게 평가해 줄 리 없습니다. 그래서 본인이 원치 않는 부서로 발령 나거나 기피하는 업무를 맡게 되더라도, 이를 기회로 활용하겠다는 적극적인 자세가 필요합니다.

눈앞에 닥친 이 가시밭길이, 언젠가는 나를 꽃길로 인도하기 위한 수련의 기회가 될 수 있다는 각오를 다지셨으면 합니다. 일종의 자기 위안이 됐든 정신적 당의정이 됐든, 고단한 외부 환경을 달게 받아들이는 자세가 필요합니다.

지금 당장 원치 않는 부서에 배치됐다고 해서 크게 낙담할 일도 아니고, 반대로 이번에 좋은 부서로 가게 됐다고 해서 만세 삼창 부를 일도 아닙니다. 살다 보면 우여곡절이 있듯, 직장 생활 하다 보면 누구한테나 좋은 순간 궂은 순간이 몇 번씩은 찾아오기 마련이니까요.

딱 이 한마디만 기억하셨으면 합니다.

직장 생활 하루 이틀 하고 관둘 것은 아니잖습니까!

Q 경쟁에 지친다!
A 나만의 경기장, 프레임을 다시 짜라

야박한 말처럼 들리겠지만, 입사 순간부터 원하든 원치 않든 여러분은 동기와 경쟁을 해야 합니다.

모든 사람이 시간이 지나면 한 학년씩 자동으로 올라가는 학교와 달리, 직장은 위로 올라갈수록 자리가 점점 줄어드는 피라미드 구조이기 때문에 누군가를 제쳐야 내가 성공할 수 있습니다.

그러다 보니 경쟁은 모든 직장인에게 피할 수 없는 숙명입니다. 그 경쟁이 싫다고 해서 다른 직장을 기웃거려 본들 상황은 크게 달라지지 않습니다. 다른 곳 역시 비슷한 수준의 또 다른 경쟁이 기다리고 있을 뿐이니까요.

"경쟁심에 불타는 동기 때문에 못해 먹겠네!"

아는 지인 얘기입니다.

집은 경기도 일산, 직장은 서울 서초동. 출근길은 머나먼 고행이었습니다. 정식 출근은 8시 30분까지였으나 거의 매일 아슬아슬하게 '세이프'를 외치며 사무실에 들어올 수 있었답니다.

문제는 입사 동기인 옆자리 친구.

이 친구는 집이 논현동이었습니다. 동기가 출근하는 데 걸리는 시간이 동네 산책 나가는 수준. 지리적 이점을 갖춘 데다, 원래부터 아침잠이 없는 친구라 보통 회사에 도착하는 시간이 7시 30분 안팎. 매일 아침 상사들로부터 "○○ 씨는 참 부지런한 것 같아."라는 칭찬이 쏟아지기 일쑤였습니다.

반면 아침마다 지각 경계선상에서 허덕이던 제 지인은 옆자리 동기에게 쏟아지는 찬사로 인해 적지 않은 스트레스를 받았습니다. 심지어 일부 상사는 "○○야, 너도 좀 배워라. 네 동기는 얼마나 부지런하냐."고 핀잔까지 줬다고 합니다. 물론 농담 반 진담 반이었으나 듣는 사람 입장에서는 스트레스로 다가올 수밖에 없는 상황이었습니다.

견디다 못한 제 지인이 어느 날 동기를 조용히 불러내 제안했습니다. "○○야, 네가 일찍 나오는 것은 좋은데, 그 때문에 내가 윗분들한테 비교당하며 스트레스 받고 있다. 미안하지만, 나를 생각해서라도 내일부터는 조금만 늦게 나오면 안 되겠니?"라는 제안이었습니다.

하지만 동기는 이를 단칼에 거절. "난 어차피 그때 출근하는 게 차도 안 막히고 더 편해. 뭘 그런 문제로 스트레스 받고 그러냐. 너도 참 웃긴다."라는 싸늘한 답변이 돌아왔다고 합니다.

그렇지 않아도 출근 문제로 잔뜩 스트레스 받고 있던 차에 더 고민스러운 사건이 발생했습니다. 제 지인이 기안을 올려, 재무 부서에서 예산 배정까지 받아 놓은 프로젝트가 있었다고 합니다. 신선한 기획이라는 상사 칭찬에 한껏 고무된 제 지인은 '이번에야말로 회사에서 내 진가를 발휘하겠다.'며 전의를 불태우고 있었는데…….

아뿔싸, 전혀 예상치 못한 일이 발생합니다.

몸이 좋지 않아 사흘 동안 병가를 냈다가 사무실에 돌아와 보니, 의욕적으로 추진하고 있던 그 프로젝트를 앞서 말한 '조기 출근족' 동기가 대신 진행하고 있더랍니다.

그 동기는 제 지인이 병가를 내자마자 부장님에게 쪼르르 달려가 "○○○이 건강상 이 프로젝트를 진행하기 힘들 것 같으니 제가 그 일을 대신 마무리하겠다."며 자원 등판했다고 합니다.

이에 부장님도 "야, 너는 어쩌면 그리도 하는 짓 하나하나가 예쁘냐. 그렇지 않아도 ○○○이 병가 내서 이 프로젝트가 어떻게 될지 걱정하고 있었는데 네가 이렇게 먼저 대타로 나서 주니 정말 고맙다."고 화답하면서 동기에게 그 프로젝트를 넘겨 줬다고 합니다.

기안부터 지인이 혼신의 노력을 쏟아 부은 프로젝트가 한순간에 엉뚱한 사람한테 공이 돌아가 버린 것입니다. 너무나 화가 나고 허탈해진 제 지인은 회사를 관둬야 할지를 두고 오랜 시간 진지하게 고민했다고 합니다.

어딜 가든 경쟁자는 있다

직장 생활 하다 보면 의외로 이런 상황에 심심찮게 직면하게 됩니다. 결론적으로 이런 일이 있다고 해서 위축되거나 사직서 내야 할까 고민할 필요는 전혀 없습니다. 어느 직장에서나 벌어지는 일들이므로 이런 이유로 직장을 떠난다는 것은 절대 근본적인 해결책이 될 수 없습니다.

앞서 소개한 지인의 경우, 지금과 같은 구도로 동기와 경쟁하면 판판이 패배할 수밖에 없습니다. 일단 상사들 눈에 동기는 일찍 출근하는 근면 성실한 직원이요, 동기 빈자리를 자발적으로 채워 주는 착한 사원이기 때문입니다.

그렇다고 옥상으로 동기를 불러내 몇 대 쥐어박을 수도 없고, 상사들에게 "알고 보면 저 녀석은 정말 얌체 같은, 나쁜 놈입니다!"라고 전단을 돌릴 수도 없는 노릇입니다. 그렇다면 어떻게 해야 할까요?

자신에게 유리한 운동장으로 불러내라

저는 프레임을 바꾸라는 조언을 드리고 싶습니다.

집이 일산인 지인이 논현동인 동기보다 서초동 사옥에 빨리 나오기는 죽었다 깨어나도 힘듭니다. 서초동으로 이사 가지 않는 한, 출근 전쟁에서는 늘 패배할 수밖에 없습니다.

이럴 때는 판을 완전히 바꿔야 합니다. 그게 바로 '프레임(Frame)'입니다. 프레임은 현대 정치권에서 가장 주목받는 용어이기도 합니다. 국회 의원 선거나 대통령 선거처럼 큰 선거가 있을 경우, 유권자들의 시선을 어디로 끌어들이고 선점할지를 놓고 각 정당은 치열한 머리싸움을 펼칩니다. 미국 정치판을 분석한 『코끼리는 생각하지 마』라는 유명한 책을 떠올리면 이해가 빠를 것입니다. 어떤 사람에게 "코끼리를 생각하지 마."라고 말하면, 그 사람은 갈수록 더 코끼리를 생각하게 됩니다.

예컨대 대선 후보 A가 '나는 통일을 최우선 정책으로 삼는 대통령이 되겠다.'고 선포한다고 가정해 봅시다. 상대 당 후보 B가 여기에 대고 '후보 A가 무슨 통일 대통령 자격이 있느냐.'며 반응을 보이기 시작하면 이미 A의 작전은 절반쯤 성공한 것입니다.

이후 대선 싸움은 '과연 A가 통일 대통령 자격이 있느냐.'에 초점이 맞춰지고, 유권자들 사이에서도 이 문제가 중심 화제가 되기 때문입니다. 그러는 사이, 정작 B 후보가 내세우려는 정책은 아예 사람들에게 언급조차 되지 못한 채 시야에서 사라지게 됩니다.

이게 바로 프레임의 힘입니다. 타인의 관심과 사고를 내가 짜 놓은 틀 속으로 끌어들이는 게 프레임입니다.

나만의 장점으로 승부하라

출근 전쟁을 벌이는 지인 사례로 돌아가 볼까요.

일찍 출근하는 게 장점인 동기한테 자꾸 출근 문제로 경쟁해 봤자 해답은 안 나오고 자기만 비참해질 뿐입니다. 이럴 때는 그 친구가 가지지 못한, 나만의 장점으로 승부해야 합니다. 나만의 프레임을 만들어 새롭게 경쟁해야 한다는 의미입니다.

전쟁에서 이기려면 죽자 살자 열심히 전투하면 됩니다. 하지만 아무리 생각해도 그 전쟁터에서 이길 자신이 없다면 전쟁터 자체를 바꾸는 방법이 있습니다.

예컨대 영업부에 입사한 동기 두 명이 있다고 가정해 봅시다. 한 명은 술을 매우 잘하는 반면 다른 한 명은 술을 잘 못하는 상황입니다. 접대 자리가 많은 영업 업무 특성상 술을 잘 마시는 동기가 상사들 눈에 좋게 비칠 가능성이 높습니다. 이럴 때 술을 잘 못하는 동기는 어떻게 해야 할 까요? 억지로 주량을 늘리겠다며 매일같이 산삼, 보약에 간 기능 개선제를 먹어야 할까요? 아닙니다. 술자리 접대라는 전쟁터에서는 그 동기의 강점을 인정하고 빨리 포기해야 합니다.

대신 그 동기에게는 없는 다른 장점을 내세워서 나만의 전쟁터를 만들어야 합니다. 예컨대 주량은 동기한테 못 미치지만 완벽한 문서 기안 실력을 선보인다거나 하는 방식의 새로운 전쟁터로 상대방을 불러내는 방식입니다.

제 지인 같은 경우 예를 들어 동기보다 다소 출근은 늦더라도 빼어난 기획 실력을 선보여 상사의 눈길을 사로잡는 식으로, 동기가 도저히 따라올 수 없는 나만의 장점을 강조해 나가면 됩니다.

경쟁에서 이기는 법 두 가지

여러분, 직장 내 경쟁에서 이기는 방법은 두 가지입니다. 단점을 최소화하거나 장점을 극대화하는 것. 단점을 아무리 최소화해도 경쟁 상대에게 이길 수 없을 경우, 당연히 장점을 극대화해야 합니다. 본인이 가장 자신 있는 전장으로 상대를 끌어들여 나만의 프레임으로 승부하는 방법을 연구해 봤으면 합니다.

Q 몇 달째 슬럼프, 의욕이 없어
A 면접 때를 떠올려 보라

얼마 전 사무실에서 서무 담당하는 분이 개인 사정으로 일을 그만두면서 후임자를 뽑은 일이 있습니다. 다른 직원들은 모두 시간이 안 맞아 결국 제 상사와 제가 면접관을 맡게 되었는데요, 이번 장에서는 그 자리에서 느낀 것들에 대해 얘기해 보려 합니다.

면접이 시작됐습니다. 지원자 모두 어떻게든 자신의 장점을 홍보하고, 자신이 그 자리를 얼마나 원하는지 면접관들을 설득하기 위해 열과 성을 다하는 게 느껴졌습니다.

면접관인 저 역시 이 일에 최대한 적합한 분, 더 열심히 일할 분, 더 오래 일할 수 있는 분을 가려내기 위해 이것저것 최선을 다해 물으며 면접에 임했습니다.

지원자 한 명당 대략 20분 정도씩 면접을 치른 것 같은데, 그 짧은 시간에 한 사람의 인성과 실력을 가려낸다는 것이 말처럼 쉬운 일은 아니었습니다. 그럼에도 우열은 가려야 했기에 저도 모르게 때로는 날카로운 질문을 하기도 했습니다. 여하튼 면접은 모두 끝났고, 함께 면접관으로 들어 온 상사와 논의를 거쳐 최종 후보자 한 분을 합격자로 선정했습니다. 합격자를 제외한 나머지 탈락자들에게는 또 한 번의 아픔이 가슴속에 아로새겨졌을 것입니다.

이날 면접 본 분들의 연령은 대략 20대 초중반이었습니다.

그중에는 이제 막 학교를 졸업한 탓에 제 조카들보다 어린 지원자도 있었습니다. 만일 면접관과 응시자 관계만 아니라면 삼촌 같은 입장에서 이런저런 조언을 듬뿍 해 주고 싶은 사회 초년생들이었습니다.

면접 응시자들이 일깨워 준 것

면접 얘기를 꺼낸 것은, 면접에 응시한 지원자들 못지않게 면접관이었던 저 역시 참으로 많은 것을 느꼈다는 것을 말씀드리고 싶어서입니다.

우선 요즘 젊은 구직자들이 얼마나 극심한 취업 전쟁을 치르고 있는지 다시 한 번 느낄 수 있었습니다. 높지 않은 연봉과 비정규직이라는 불안함이 뒤따르는 자리임에도 다들 필사적으로 면접을 준비해 온 게 느껴졌습니다. 자기소개서는 얼마나 절절히들 작성해 왔는지…….

그중 어떤 분을 뽑더라도 전혀 문제가 되지 않을 정도로 다들 좋은 스펙과 진지한 태도를 갖고 있었습니다. '과연 이렇게 우수한 재원들을 모두 소화하지 못하는 우리 사회의 구조적 문제점이 뭘까.'라는 의문이 들 정도였습니다.

이분들은 앞으로도 만만치 않은 내공을 쌓은 경쟁자들과 계속해서 싸워 나가야 할 처지입니다. 그중 일부는 취업이라는 기쁨을 누리겠지만, 누군가는 계속해서 아픔을 곱씹을 수밖에 없는 게 우리 사회의 현실입니다. 참으로 안타까웠습니다.

또 한 가지 느낀 것은 저 스스로 지금 하고 있는 일에 대해 더욱 열정을 가져야 할 것 같다는 점이었습니다. 면접 치르는 내내 흔히 말하는 '초심으로 돌아가라.'는 말이 뼈아프게 다가왔습니다.

제가 지금 재직 중인 회사로 온 게 불과 몇 년 전 일입니다. 돌이켜 보면 저 역시 이 회사에 오기 전 막연한 기대와 설렘, 입사하면 열심히 일하겠다는 일종의 '다짐'이 있었습니다.

그러나 일에 치이고 사람에 치이며 하루 이틀 지내다 보니 어느덧 입사 초기의 마음가짐은 사라지고 '그냥 오늘 하루도, 이번 한 주도 어떻게든 지나가겠지.'라는 나태함에 무너져 버릴 때가 많았습니다.

그런데 면접 응시자들을 보고 나니 문득 이런 생각이 들었습니다. 지금 제가 당연시하며 앉아 있는 이 자리를 바로 저 앞에 있는 지원자들은 얼마나 갈구할 것이며, 또 얼마나 많은 취업 준비생들이 열망하고 있을까…….

슬럼프에 대처하는 바람직한 자세

여러분도 만약 그 자리에 있었다면 저와 크게 다르지 않게 느꼈을 것입니다. 정도의 차이는 있겠지만, 대부분 까다로운 입사 과정을 거쳐 사회생활을 시작했을 것입니다. 일상에 젖어 나태해질 때, 면접 당시 여러분들이 했던 발언과 열정을 한번 떠올려 보는 건 어떨까요.

면접관 야근이 많을 수도 있는데 괜찮겠어요?
구직자 저는 늦게까지 일하는 게 오히려 더 적성에 맞습니다.

면접관 상사가 힘든 업무를 시키면 어떻게 할 건가요?
구직자 어떤 일을 시켜도 열심히 하겠습니다.

면접관 본인 성격의 장단점을 말해 보세요.
구직자 장점이라면 완벽하게 일을 처리하지 못하면 스스로 만족하지 못하는 성격이라는 점이고, 단점이라면 그런 성격으로 인해 때로는 남들보다 더 일을 오래 붙잡고 일할 때도 있다는 점입니다.

면접관 가정과 직장 중 어느 쪽이 우선이라고 생각하나요?
구직자 물론 가정도 중요하지만, 직장 생활을 최우선으로 여기겠습니다.

여러분은 어떠셨나요? 면접관 질문에 저런 대답을 하지는 않았나요. '뽑아만 주시면 흔들바위라도 옮기라면 옮기고, 한강 물이라도 없애라면 다 마셔 버리겠다.'는 각오로 면접에 임한 분들이 대다수일 것입니다.

하지만 입사 후 시간이 조금만 흘러도 '저 원수 같은 상사는 왜 꼭 퇴근 시간 임박해서야 일을 줘서 야근하게 하는 거야.' '내가 이런 일까지 하면서 거지 같은 회사에 붙어 있어야 하나.' '이 정도 했으면 됐지 뭘 자꾸 다시 해 오라는 거야.' 같은 불평불만에 입이 나와 있는 우리 모습을 발견하게 됩니다.

야구 선수들이 삭발하는 이유는?

여러분, 누구나 슬럼프를 겪습니다.

프로 야구로 비유하자면, 일 년 내내 홈런만 치는 타자는 없습니다. 아무리 유명한 선수라 해도 컨디션이 나쁠 때는 연신 헛스윙에 아웃만 당하는 경우가 있고, 홈런은커녕 외야 플라이조차 못할 때가 있습니다.

중요한 것은 그 슬럼프를 누가 빨리 벗어나느냐에 따라 진정한 스타가 되기도 하고, 그저 그런 평범한 선수가 되기도 한다는 점입니다.

선수들은 슬럼프에 빠지면 스스로 여러 조치를 취합니다. 그중 대표적인 방법이 운동에 집중하기 위해 머리를 삭발하는 것입니다. 머리를 짧게 자른다고 안 맞던 공이 맞을 리 없고, 안 나오던 홈런이 다시 나올 리는 더더욱 없습니다. 다만 그렇게 삭발하면서 신인 시절 가졌던 '오로지 야구만 열심히 해서 스타가 되겠다.'는 각오를 다시 다지는 것입니다.

초심으로 돌아가라

직장인이든 학생이든 주부든 우리 모두 마찬가지가 아닐까 싶습니다.

'내가 지금 이 학교를 들어오기 위해 어떤 노력을 기울였나.' '내가 지금의 가정을 꾸리기 위해 얼마나 많은 고생을 했던가.'라는 생각을 한 번만 해 봐도 오늘 내 모습이, 내 자리가 얼마나 소중한 것인지를 깨달을 수 있을 것이라 생각합니다.

직장 생활이 조금씩 익숙해지고, 비슷한 업무가 반복되고, 일을 열심히 하든 대충 하든 월급은 똑같이 나오고, 직장 동료와 이런저런 반목도 생기고, 상사는 맨날 잔소리만 해 대고……

이러다 보면, 자연스레 '아, 이곳을 벗어나고 싶다.'라는 생각과 함께 업무 능률이 팍 떨어집니다. 직장 생활의 슬럼프가 찾아오는 것입니다.

이럴 때 본인을 잘 다독여야 합니다. 슬럼프는 짧을수록 좋습니다. 휴가라도 다녀올 수 있다면 재충전도 되고 좋겠지만, 휴가를 내 마음대로 쓸 수 있는 직장인은 그리 많지 않습니다.

현실 속에서 해법을 찾아야 합니다. 이럴 때 '초심으로 돌아가기'는 좋은 해법이 될 수 있습니다. 처음 입사했을 때 근로 의욕을 불태우던 모습을 떠올려 보세요. 지금 느끼는 권태와 나태함, 짜증, 스트레스는 오히려 사치라고 느껴질 것입니다.

일상 속 슬럼프가 찾아왔을 때, 지금 내가 하고 있는 이 일이 너무나 지겹다는 생각이 들 때, 내가 누리고 있는 지금의 생활이 너무나 당연하다는 생각이 들 때, 과연 현재 '나'의 모습을 10년 전 나는 얼마나 동경했던가 생각해 봤으면 합니다.

지금의 나는 과거의 내가 꿈꾸던 미래였을지도 모릅니다.

Q 내가 이런 대우받을 사람이 아닌데
A '조하리의 창'으로 자신을 평가해 보라

살면서 단 한 번도 부당한 대우를 안 받아 본 사람이 있을까요.

'내가 이런 대접받을 사람이 아닌데, 어떻게 이렇게 대할 수 있을까, 내가 저 사람보다 못한 사람인가, 세상이 정말 나의 가치를 몰라 주는 군……'

이런저런 이유로 불평등한 대우를 받고 가슴 아파하거나 분노해 본 경험들이 한 번쯤은 있으리라 생각합니다. 학창 시절에는 동기들에 비해 유독 나에게만 점수를 덜 주는 것 같은 얄미운 교수님 때문에 좌절해 본 경험이 있을 테고, 직장인들은 승진이나 연봉 계약 때 억울하다는 느낌 받아 본 적이 있을 것입니다.

낙하산으로 무너진 승진의 꿈

직장에서 능력을 인정받아 승승장구하던 A 선배가 있었습니다.

그는 대학 졸업 직후 입사해 20년 가까운 세월 동안 이직 한 번 없이 현재 직장에서만 충성을 다해 근무했습니다. 치열한 경쟁을 뚫고 입사한 '공채' 출신으로서 성품이 좋고 능력도 출중해 입사 동기들을 제치고 승진을 거듭했습니다. 임원 승진은 떼 놓은 당상처럼 보였습니다.

그런데 쾌속질주를 거듭하던 A 선배에게 뜻하지 않은 암운이 드리웠습니다. 어느 날 갑자기 외부에서 '낙하산' 인사가 내려온 것입니다. 이 낙하산 인사는 A 선배가 노리고 있던 임원 자리에 배정받았습니다. 이 인사는 미국에서도 손꼽히는 MBA를 졸업해 완벽하게 영어를 구사했고, 다국적 기업 근무 등 경력까지 화려했다고 합니다. 가뜩이나 낙하산 인사가 온다기에 마음 상해 있는데, 알고 보니 자기가 가고픈 바로 그 자리로 날아왔고, 심지어 나이도 A 선배보다 어리다고 합니다.

A 선배는 이 낙하산 인사가 온다는 소식을 안 다음부터 절망 속에 하루하루를 보냈다고 합니다. 회사에 대한 배신감 때문이었습니다.

'아무리 외국 MBA 출신에 화려한 스펙을 가진 인물이라고 해도 그동안 회사 발전에 기여한 실적은 그 사람보다는 내가 더 많을 텐데……. 내가 이 회사에서 그런 작은 존재밖에 안 되었던가.'

특히 자기가 노리고 있던 자리에 엉뚱한 낙하산 인사가 내려오면서 앞으로 무슨 희망을 품고 살아가야 할지 막막하더랍니다. 사직서를 만지작거리다 차마 제출은 못한 채 며칠간 휴가를 내고, 한적한 지방을 여행

하면서 마음을 다독이고 자신을 위로한 뒤 복귀는 했지만, 여하튼 마음속 상처는 한동안 오래갔다고 합니다.

이는 본인이 평가하는 조직에서 자신의 가치와, 조직에서 자신을 평가하는 가치의 차이가 컸기에 상처받은 사례가 아닐까 싶습니다.

마음속 감옥에서 벗어나려면

누구나 자신이 생각하는 가치보다 사회에서 낮은 대우를 받았다고 생각해 본 경험이 한두 번씩은 있을 것입니다.

당연한 얘기지만, 그런 느낌은 빨리 마음속에서 지울수록 본인에게 유리하겠죠. 자칫 그런 불쾌감에 사로잡혀 조직 생활 하다 보면 일할 맛이 떨어지고, 목표 의식도 약해지면서 결국은 정말 그렇게 불평등한 대우를 받아도 할 말 없는 존재가 되어 버릴 가능성이 큽니다.

저는 이런 상태를 '마음속 감옥'이라고 표현하고 싶은데요. 그런 감옥은 하루라도 빨리 탈출하고, 평정심을 찾는 게 본인에게 도움이 됩니다.

인생이 예술만큼 길지는 않겠지만, 그렇다고 아주 짧다고 할 수도 없습니다. 인생은 적당히 깁니다. 지금 당장은 내가 저 사람보다 못한 대접을 받고 있고, 현재 이 조직에서 내 가치를 제대로 인정받지 못한다고 해서 인생 패배자로 결론이 나는 것은 아닙니다.

긴긴 인생 내가 지금 저 윗사람보다 더 높게 올라갈 수도 있고, 반대로 내가 저 부하 직원을 상사로 모실 날이 올지도 모릅니다. 바로 지금, 오늘 이 시간을 어떻게 살아내느냐에 따라 그 방향성이 결정될 것입니다.

사회가 보는 내 모습은 다르다

우리가 반드시 잊지 말아야 할 점은 사회가 보는 내 모습과 내가 보는 내 모습은 엄연히 다르다는 점입니다.

내가 나를 어떻게 평가하든, 사회가 나를 평가하는 잣대는 이미 일정 부분 정해져 있습니다. 억울하지만 우리는 그 잣대를 좋든 싫든 수용할 수밖에 없습니다. 그 잣대에 대해 직접 항의하기보다는, 현재보다 더 노력해 내 가치를 높인 뒤 사회로 하여금 그 잣대를 수정하게 하는 게 가장 무난한 방법이겠죠.

'조하리의 창'으로 자신을 분석하라

이와 관련해 심리학에서 많이 회자되는 '조하리의 창(Johari's Window)'이라는 개념이 있습니다. 자아를 분석할 때 많이 이용되는 도구입니다. 자아 상태는 다음과 같이 네 개의 창문으로 분류합니다.

첫째, 자신도 알고 남도 아는 영역	**둘째**, 자신은 알지만 남은 모르는 영역
셋째, 자신은 모르지만 남은 아는 영역	**넷째**, 자신과 남 모두 모르는 영역

이 조하리의 창을 자아가 아니라 한 개인의 사회적 가치로 평가해 보는 것은 어떨까 싶습니다.

첫째, 자신도 알고 남도 아는 내 가치	둘째, 자신은 알지만 남은 모르는 내 가치
셋째, 자신은 모르지만 남은 아는 내 가치	넷째, 자신과 남 모두 모르는 내 가치

우리가 부당한 처우를 받거나 남들이 내 진정한 가치를 몰라 준다고 푸념하는 것은 저 중에서 주로 둘째와 셋째 경우에 해당하지 않을까 싶습니다. 나는 알고 있는 내 진정한 가치를 남들만 모른다거나, 거꾸로 남들은 내가 어떤 사람인지 뻔히 아는데 혼자서만 어떤 사람인지 모르고 있다는 것입니다.

그렇다면 해답 역시 어렵지 않게 구할 수 있습니다. 나만 알고 있는 진정한 내 가치를 남들이 알도록 노력해 나가거나, 거꾸로 내가 미처 몰랐지만 남들은 이미 다 알고 있는 나의 모습을 빨리 파악해 개선해 나가면 됩니다.

사회는 몸값을 후려치기 마련이다

여러분, 대부분 경우 자신이 생각하는 몸값을 사회는 어떻게든 후려치기 마련입니다.

하지만 우리는 잔 다르크가 아닙니다. 사회의 부당한 처우나 불평등에 대해 온몸으로 항거한다는 게 쉽지 않다는 의미입니다.

지금 혹시라도 부당한 대우, 억울한 처우를 받고 있다고 느낀다면 사회를 원망하기에 앞서 자신을 다독이고 전화위복의 계기로 삼겠다는 독한 마음을 품어야 합니다.

마음속 감옥에 갇혀 있을수록 손해를 보는 것은 '죄수', 바로 자신입니다.

Q 이 일이 정말 맞는 건지 모르겠어
A 최소한 2~3년은 일해 봐야 안다

예전에 몸담았던 직장의 선후배들을 가끔 만나 소주잔을 기울이는데, 후배 A가 고민을 토로합니다. 자기 부하 직원인 신입사원 B가 회사를 관두겠다며 사표를 제출했다고 합니다. 당장 일손이 달려서 B가 없으면 업무상 심대한 차질이 빚어질 상황.

어떻게든 붙잡아 두려고 열심히 B를 설득하고 있는데 퇴사 결심을 단단히 굳혔는지 말을 잘 듣지 않는다고 합니다. 궁금해서 A에게 물었습니다. B한테 뭐라고 하면서 설득하고 있느냐고. A의 대답이 걸작입니다.

"뭐라고 하기는요. 그냥 있는 그대로 말해 줬습니다. 너는 지금 이 회사 나가면 전혀 갈 곳이 없다, 다른 곳으로 옮기기에는 아직 실력이 형편없으니 나가려거든 더 배우고 나가라. 이렇게 있는 그대로 현실을 말해 줬습니다."

틀린 말은 아닌 것 같은데, '설득'치고는 내용이 너무 직설적이라 오히려 웃음이 나왔던 기억이 납니다.

이직은 어느 정도 경력을 쌓은 후에

종신 고용이 당연시되던 과거와 달리 요즘에는 한 직장에서만 청춘을 다 바친 뒤 정년퇴직하는 사례가 보기 드물어지고 있습니다. 대신 경력을 쌓아 자신의 몸값을 높인 뒤, 더 좋은 조건의 직장으로 옮기는 일이 흔해졌습니다.

그런 탓인지 어렵게 입사에 성공했어도 얼마 안 가 다른 직장을 알아보는 젊은 직장인들이 많습니다. 반대할 만한 일은 아닙니다. 저 또한 직장을 여러 차례 옮겨 봤기에 본인에게 도움이 되는 이직이라면 오히려 적극적으로 권장하는 편입니다.

하지만 사회 초년생들이 알아 둬야 할 것이 있습니다. 아예 처음부터 신입 직원으로 다른 직장에 입사할 것이 아니라면, 최소 2~3년은 지금 직장에서 경력을 쌓은 뒤 옮기는 것이 여러모로 유리하다는 점입니다.

우선 신입사원이 현 직장을 관두고 아예 처음부터 구직 과정을 다시 거쳐 다른 기업에 신입사원으로 들어가는 게 그리 쉬운 일은 아닙니다. 게다가 이제 막 '사회 물'을 먹은 햇병아리 신입을 다른 기업에서 스카우트할 가능성은 더욱 적습니다.

경력 직원을 뽑으려는 기업 입장에서는 새로 영입한 경력 직원이 당장 오늘부터 실전에 투입되더라도 업무를 원활하게 처리해 줄 것을 기대합니다. 바꿔 말하면 최소 몇 년은 그 업계에서 경력을 쌓아, 해당 분야에 어느 정도 노하우를 갖춘 직원을 원한다는 의미입니다.

실제 한 헤드헌팅 업체에서 한 해 동안 있었던 채용 의뢰 수만 건을 분석한 결과, 대기업은 차장급 직원을, 중소기업은 과장급과 대리급을 가장 선호한다는 통계가 나왔다는 기사를 본 기억이 납니다. 그 어느 기업도 타사에 근무 중인 1~2년 차 신입사원을 스카우트하지는 않는다는 것을 알 수 있습니다.

이유를 알고 옮겨도 늦지 않다

덧붙여, 자기가 현재 업무와 적성이 맞는지 파악하기 위해서는 최소 2~3년은 그 직장에 다녀 봐야 알 수 있다는 게 제 지론입니다.

물론 자신의 취향이나 능력과는 아주 상극인 업무를 맡아 고역을 치르는 직장인도 분명 있습니다.

예컨대 본인은 숫자를 싫어하는데 회계 부서에 배치된다거나, 술을 한 방울도 입에 대지 못하는데 영업 부서에 배치돼 지옥 같은 하루하루를 보내야 하는 경우입니다.

이런 식의 극단적인 경우만 아니라면, 되도록 현재 본인이 다니고 있는 조직에서 최소 2~3년은 경력을 쌓아 보겠다는 각오가 필요합니다.

이 업무가 정말 나와 안 맞는 것인지, 업무는 맞는데 주변 사람들과 갈등이 있는 것인지, 업무도 맞고 주변 사람들과도 별문제는 없지만 회사가 마음에 안 드는 것인지를 명확히 구분한 뒤 직장을 옮겨도 늦지 않습니다.

상사와의 갈등, 회사에 대한 불만 등으로 직장을 옮기는 경우는 그나마 낫지만, 만일 자기가 지금 맡은 업무 자체가 싫은 경우, 아무리 다른 직장으로 옮겨 봐도 얼마 안 가 또다시 지쳐 있는 자신의 모습을 발견할 뿐입니다. 지금 몸담은 회사를 왜 그만두고 싶은지, 정확한 진단을 하기 위해서는 어느 정도 판단할 시간이 필요합니다.

당장 상사 잔소리가 싫어서 입사 1년도 안 돼 회사를 옮긴 뒤, '아, 그나마 전 직장 과장님 잔소리는 참을 만했는데……새 회사는 성과급이 아예 없다는 것을 미처 몰랐네. 왜 옮겼을까.'라는 식으로 자책하는 지인들 꽤 많이 봐 왔습니다.

장기적인 이직 준비의 사례

제가 아는 후배는 임원 비서로 일하고 있었습니다. 그러나 낮은 연봉과 비정규직이라는 불안한 신분 때문에 늘 장래에 대한 고민이 많았습니다. 그래서 생각한 것이 새로운 영역으로의 도전.

틈틈이 플로리스트 공부를 한 뒤 주말마다 아르바이트로 플로리스트 경력을 쌓아 나갔습니다. 그렇게 직장 일과 주말 아르바이트를 병행한 지 3년.

플로리스트로 독립해도 일감이 끊이지 않을 만큼 거래처를 확보한 뒤, 드디어 현 직장에 사표를 제출했습니다. 그리고 요즘에는 전업 플로리스트로서 새로운 인생을 살고 있습니다.

물론 이 후배는 임원 비서와 플로리스트 업무를 병행하던 그 3년 동안 말로 형언하기 힘들 정도로 많은 고생을 했다고 합니다. 남들은 편히 쉬는 주말에 아르바이트를 하기 위해 새벽부터 뛰어다녔고, 사무실 근무가 끝난 평일 저녁에도 각종 강의를 수강하는 등의 노력을 기울이며 원형 탈모가 올 정도로 바쁘게 뛰어다녔다고 합니다. 그렇게 고생한 결과, 본인이 원하는 새로운 영역으로 무사히 안착할 수 있었습니다.

물론 이 후배처럼 이직하는 게 꼭 정답은 아닐 것입니다. 하지만 일단 이직을 위한 장기적인 계획을 세워, 그에 맞춰 정보를 찾아 나갔고, 그러면서도 현 직장 업무에는 별다른 피해를 주지 않았다는 점에서 높은 점수를 주고 싶습니다.

힘들어도 조금만 더 버텨라

본인이 과연 지금 하고 있는 이 업무가 과연 내 적성에 맞는 것인지 아닌지는 그렇게 쉽게 판단할 문제가 아닙니다. 너무 조급하게 생각하지 말고 최소 2~3년은 현재 맡고 있는 일이 본인의 적성에 맞는지 차분히 따져 보셨으면 합니다.

서두에 말씀드린 B 후배는 선배들의 만류에도 '이 일은 정말 내 적성에 정말 안 맞는다. 아예 다른 일을 해 보겠다.'며 결국 회사를 떠났습니다.

그러나 석 달 후, B 후배는 같은 업종 다른 기업으로 되돌아왔습니다. 본인이 주장한 대로 업무에 적성이 안 맞았던 것이 아니라 아마도 회사 혹은 선후배들과 뭔가 문제가 있었던 것은 아닐까 싶습니다.

Q 그래도 못 다니겠어!
A 출구 전략을 세우라

오랜만에 전 직장 입사 동기인 A에게 전화가 왔습니다.

아직 싱글인 '골드 미스'였는데요, 혹시나 청첩장을 보낸다는 소식일까 싶어 반갑게 인사말을 건넨 뒤 웬일로 전화했냐고 용건을 물었습니다. 뜻밖의 소리. 회사를 그만두기로 결심했다 합니다.

대학원 졸업 후 그 직장에서 사회생활 첫발을 내디딘 A는 지금까지 15년 동안 이직 한 번 없이 묵묵히 일해 왔습니다. 그러나 일이 너무 힘들고, 미래도 불투명한 것 같아 더 늦기 전에 사표를 던지겠다고 결심했답니다. 상사가 만류해 아직은 사표 처리가 되지 않았으나 기어이 나가겠다는 생각을 굳혔다는 A.

그동안 어떤 일이 있었는지 위로도 할 겸, 회사를 나가 어떤 일을 하려는지 궁금하기도 해 다른 입사 동기 몇 명과 함께 점심을 하기로 했습니다.

예상한 대로 그동안 회사 생활에 지칠 대로 지쳐 있었던 A는 식사 시간 내내 자신이 그동안 겪어 왔던 남모를 아픔, 업무로 인한 스트레스, 미래에 대한 불안감 등을 쏟아냈습니다.

듣고 있던 저와 동기들은 때로는 위로를, 때로는 '그래도 지금껏 참아 왔으니 조금만 더 참아 봐라.'는 식으로 만류했지만 A의 사퇴 의지는 확고했습니다.

문제는 A가 지금 회사를 나간 뒤 뭘 할지 아직 확실히 정하지 않았다는 점이었습니다. 현 직장 생활이 너무 힘들어서 일단 사표를 낸 뒤 새로운 길을 천천히 모색해 보겠다는 것이었습니다.

저와 동기들은 A에게 '일단 새로운 길이 뭐가 될지 현 직장에서 알아본 뒤 나가도 늦지 않는다. 네가 가고자 하는 새로운 길을 좀 구체적으로 정한 뒤 그때 사직해라.'는 조언을 했습니다.

그러나 A는 동기들 말을 듣지 않았고 무조건 사표를 제출하겠다고 했습니다. 지금 직장을 다닌다는 게 너무 숨 막히고 하루하루가 길게 느껴진다고 합니다.

저는 이런 조언을 해 줬습니다.

"지금 직장 생활이 힘들고 암담하게 느껴지는 것은 그 끝이 안 보이기 때문일 것이다. 생각을 바꿔 보면 어떻겠냐. 새 직장을 구할 때까지만 한시적으로 다닌다고 마음을 먹어 봐라. 그렇게 '마음속 시한'을 정하면 하루하루가 그렇게 지루하지만은 않을 것이다."

자신만의 디데이를 정하라

제가 딱 그랬습니다. 회사 생활하면서 너무 힘들고, 상사에게 혼나고, 일이 잘 안 풀리고, 하루하루가 길게 느껴질 때면, '어딘가 새로운 길이 있을 거야. 그 길을 찾을 때까지 여기는 임시로 머무르는 곳이야.' 이렇게 마음속 시한을 설정해 두고 그 시간을 버텼습니다.

마치 군인들이 제대 날짜 기다리면서 하루하루를 버티듯, 사회생활 역시 자기만의 'D-day'를 정해 놓으면 나름대로 버틸 여력이 생기는 느낌이 듭니다.

밖에 나가 보면 생각보다 춥다

또 한 가지, A에게 끝까지 강조했던 얘기는 현재의 어려움이 싫어 무조건 나가겠다는 사고방식은 매우 위험하다는 것입니다. 좀 더 현실적으로 말하자면, 직장 다닐 때는 잘 못 느끼겠지만 새 일자리를 구하는 게 생각보다 쉬운 일이 아니라는 것입니다.

저도 이직하면서 얻은 씁쓸한 경험입니다만, '에이, 내가 여기서 나간다고 굶어 죽겠냐. 그동안 내가 쌓은 경력이 있는데.'라며 자신 있게 회사를 뛰쳐나갔다가 자칫 공중에 뜰 위기에 처한 적이 있습니다.

제 주변에서도 그런 경우를 자주 봤습니다. 회사 나가신 분들이 얼마 뒤 퇴직금 수령 등의 이유로 회사를 다시 찾아옵니다. 단 며칠 만에 보는 얼굴이지만, 회사 나갈 때보다 표정이 훨씬 더 밝고 화색이 돕니다. '아침에 푹 자니 좋다.' '당분간 가족 여행 하면서 쉬고 싶다.' '새 직장은 몇 군데 얘기해 놨는데 아직 확답은 없다.'는 말들이 나옵니다.

이런 공백 기간이 짧고, 곧바로 새로운 직업이나 계획이 실행된다면 정말 '재충전'이라는 단어가 어울릴 텐데, 불행히도 생각만큼 새로운 직장을 구하는 일이 쉽지 않을 때가 많습니다.

이런 시기가 길어지다 보면 당장 경제적 어려움이 생기고, 심리 상태역시 극도로 위축되기 마련입니다. 그렇게 되면 평소 잘 보이던 것도 잘안 보이게 되고, 성급한 마음에 악수(惡手)를 두기 십상입니다. 결국 자기가 꿈꾸던 근사한 새 출발 대신 외려 지난번 그만둔 회사보다도 더 좋지않은 곳에서 일하게 되는 경우가 비일비재합니다.

나만의 출구 전략을 준비하라

여러분 '출구 전략'이라는 단어, 한 번쯤은 들어 봤을 것이라고 생각합니다. 원래 경제적 의미와 군사적 의미로 쓰이던 용어입니다. 경기 침체를 벗어나기 위해 정부가 돈을 풀면 각종 부작용이 생기는데, 이런 부작용을 최소화하면서 침체기를 벗어나도록 하는 각종 정책을 의미합니다. 군사적으로는 어떤 분쟁이나 전쟁에서 인명과 장비 손실을 최소화하면서 무사히 철수하려는 전략을 말합니다.

사회생활을 할 때도 출구 전략이 매우 중요합니다. 모두 어느 대학에진학할까, 어느 회사에 취업할까 같은 '입구 전략'에만 집중하는데, 이에못지않게 중요한 것이 '출구 전략'입니다. 특히 아직 자기 적성이 어떤 직업, 어떤 직장에 어울리는지 본인 스스로 정확히 알기 힘든 젊은 분들은 출구 전략을 잘 세우는 게 중요합니다.

통계청 발표에 따르면 2012년 현재 첫 직장을 1년 이하 계약직으로 시작하는 비율이 4년 전에 비해 60퍼센트나 늘었다고 합니다. 갈수록 더 많은 사회 초년생들이 첫 직장에서 1년을 채우지 못하고 어디론가 새 직장을 찾아 떠나야 한다는 의미입니다.

지금 이곳이 평생직장이 아닐 것 같다는 생각이 들면, 과연 다음 직장은 어떻게 잡아야 할지, 언제쯤 옮겨야 할지, 누구와 논의를 해 봐야 할지 종합적으로 계획을 세워 봐야 합니다.

주변인을 적극 활용하라

한 가지 팁을 드리자면, 출구 전략을 세울 때 제 경험상 가장 좋은 방법은 주변 선배 혹은 어른들에게 끊임없이 자문하는 것입니다.

그분들 역시 같은 고민을 한두 번은 해 봤고, 성공이든 실패든 경험을 쌓아 왔기 때문에 여러분 혼자 고민하는 것보다 훨씬 더 도움이 될 것입니다.

한 발짝 더 나아가 그런 고민을 함께 논의하는 과정에서 선배들에게 좋은 일자리 있으면 소개해 달라는 부탁도 할 수 있습니다. 생각보다 많은 사람이 공식 루트가 아닌, 누군가의 추천이나 소개로 새 직장을 얻고 있다는 점을 잊지 마시길 바랍니다.

Q 이직, 어떻게 준비하지?
A 실력, 인맥, 정보 삼박자가 맞아야 한다

언론인을 꿈꾸며 신문방송을 전공했던 저였지만, 결국 10여 년 기자 생활을 끝으로 직종을 바꿨습니다. 이후 여러 차례 이직했습니다.

기자에서 공무원으로, 다시 공기업으로, 그리고 일반 기업으로.

스스로 생각해도 좀 유별나다 싶을 정도로 별 연관성이 없어 보이는 직종으로 옮겨 다녔습니다. 주변 분들도 "어떻게 그렇게 완전히 다른 업종으로 옮겨 다니느냐, 비결이 뭐냐."고 호기심 반 우려 반 질문을 던집니다.

그럴 때면 "어쩌다 보니 옮기게 됐는데, 저도 잘 모르겠네요."라며 말을 얼버무리게 됩니다. 그럴 만한 게, 실제 저라고 무슨 뚜렷한 이직 기술이 있는 게 아니기 때문입니다. 다만 이직 과정에서 느낀 점을 정리해 보면 이렇습니다.

이직은 실력과 인맥, 정보라는 삼박자가 맞아떨어져야 한다는 것입니다!

Step 1 일단 실력부터 쌓아야 한다

두말하면 잔소리겠지만 일단 현재 몸담은 회사에서 실력을 쌓아야 합니다. 신입사원을 뽑을 때는 '에러(Error)'가 발생할 가능성이 있다는 것을 기업들도 잘 알고 있습니다. 아무리 꼼꼼히 이력서를 검토하고 면접을 치밀하게 치러도, 기업체에 들어와 얼마나 일을 잘할지는 누구도 장담할 수 없습니다. 학교 성적이 좋다고, 어학 실력이 뛰어나다고, 유명한 분의 추천을 받았다고 해서 회사 업무를 잘 처리하리라는 보장은 없습니다. 면접에서 워낙 좋은 이미지를 남겨 임원들의 기대를 한몸에 받았지만, 정작 실전에서는 실망스러운 업무 성과를 보이는 신입사원도 많이 봤습니다. 결국 신입사원이 회사에서 '밥값'을 제대로 해낼지는 장담하기 쉽지 않습니다.

그러나 경력 직원은 사정이 다릅니다.

이미 해당 업계에서 어느 정도 일 잘한다는 평판을 얻은 상태에서 직장을 옮기기 때문에, 새 회사 입장에서는 이 직원에 대한 기대치가 상당히 높습니다. 바꿔 말하면 이직을 하기 위해서는 일단 그 업계에서 좋은 평판을 얻을 정도로 실력을 발휘해 놔야 합니다. 어느 업종이나 마찬가지지만, 업계 내부에서의 소문은 일반 소문과는 비교가 안 될 정도로 빠르게 회자됩니다.

그렇기에 일단 본인이 실력을 탄탄히 쌓아 놔야 합니다.

Step 2 '안테나'를 세우라

일단 어느 정도 경력이 되고, 실력을 쌓았다고 생각되면 본격적으로 '안테나'를 세워야 합니다.

불행한 얘기지만, 본인이 실력을 쌓아 놨다고 해서 저절로 이직이 이뤄지는 않습니다. 물론 본인이 한국을 대표하는 최고의 기술을 갖고 있다거나 언론이 주목할 정도로 엄청난 실적을 쌓아 놓은 경우라면, 가만히 있어도 여러 기업들이 스카우트 제의를 해 올 것입니다.

하지만 현실적으로 그렇게 타 기업이 삼고초려를 하면서 '어서 와 주세요.'라고 레드 카펫을 깔아 주는 경우는 별로 없습니다. 직장에서 갈고 닦은 실력은 필요조건일 뿐 충분조건은 아니라는 의미입니다.

이직을 위해서는 외부 동향 탐지를 위한 안테나가 중요한데, 이는 곧 인맥을 의미합니다. 물론 헤드헌팅 업체 역시 훌륭한 외부 인맥이 될 수 있습니다만, 아무래도 헤드헌팅 업체들은 여러 고객을 상대하기 때문에 지인을 통한 이직보다는 만족도가 떨어질 가능성이 높습니다.

경력직 사원을 정기적으로 대규모로 뽑는 기업들도 있습니다만, 이는 극소수에 해당합니다. 대부분 인력 충원이 필요할 때마다 추천을 통해 외부 인사를 수혈하는 게 가장 일반적인 경력 사원 입사 방식입니다.

이런 경우를 대비해 평소 넓은 인맥을 쌓아 두는 게 중요합니다. 학교 선후배가 됐든 교회 성가대 동료가 됐든 조기 축구회 회원이 됐든, 인맥의 폭이 넓을수록 그만큼 이직에는 한 발짝 더 가까이 다가갔다고 볼 수 있습니다.

앞서 말씀드린 '업연'이 그래서 중요합니다.

Step3 내부 정보를 모으라

마지막으로 이직을 잘하려면 정보가 필요합니다.

가장 위험한 이직은 '지금 있는 이 직장이 너무 싫으니 일단 다른 곳으로 옮기고 보자.'는 식의 '묻지 마, 이직'입니다. 지금 있는 곳에 하루라도 머물기 싫어 일단 다른 곳으로 옮기긴 옮겼는데, 오히려 이전보다 못한 직장으로 옮긴 경우도 많습니다. 제 주변에서도 자주 볼 수 있는 상황입니다.

이는 모두 이직을 할 때 해당 기업에 대한 정보를 충분히 취득하지 못해 발생하는 문제입니다. 이직 시장은 대표적인 '레몬 시장'이 아닐까 싶습니다. 구직자는 가고자 하는 기업의 세부 정보를 제대로 알 수 없기 때문입니다. 그래서 이직하다 보면 현재 몸담은 회사보다 연봉 얼마를 더 주겠다, 직급을 더 높여 주겠다 하는 식의 '외적 조건'에만 현혹되는 경우가 많습니다.

그러나 정작 중요한 것은 새로 옮겨 갈 회사의 '보이지 않는' 조건입니다. 내가 옮겨 갈 부서 분위기는 좋은지 나쁜지, 해고를 밥 먹듯 하는 회사인지 사람을 아끼는 회사인지, 상사들이 많아 승진이 어려운지 부하가 많아 입사하자마자 편하게 생활할 수 있는지, 야근을 밥 먹듯이 해야 하는 분위기인지 칼퇴근을 장려하는 분위기인지…….

물론 이직을 통해 한 달에 몇십만 원 더 받고 덜 받고 하는 금전적 부분은 중요한 문제입니다. 하지만 더욱 중요한 것은 위에 언급한 무형의 정보들입니다. 이런 보이지 않는 정보들은 여러분의 이직이 성공으로 끝날지 또 다른 비극의 시작이 될지를 결정해 주는 중대 변수입니다.

그럼에도 많은 분들이 이직 과정에서 이런 정보들을 간과하는 경향이 있습니다. 정확히 말하면 이런 정보의 중요성은 알고 있지만, 어떻게 이 정보들을 구할지 엄두조차 못 내는 경우가 많습니다.

그렇다면 이런 내부 정보들은 어떻게 구할 수 있을까요?

인맥과 인터넷을 총동원하라

방법은 여러 가지입니다. 대한민국 사회가 워낙 씨줄 날줄처럼 얽혀 있는 사회기 때문에 사돈의 팔촌까지 뒤지다 보면, 이직하고자 하는 회사에 대해 잘 알고 있는 분이 분명 한두 명은 나오기 마련입니다.

아무리 찾아봐도 그 기업 내부 사정에 대해 말해 줄 정보원이 없다면 인터넷이라도 부지런히 뒤져 봐야 합니다. 물론 요즘 인터넷 정보라는 게 상당히 부풀려 있거나 일부분을 왜곡해 보여 주는 경우가 많지만 열심히 인터넷을 뒤지다 보면 알찬 정보 한두 개는 발견되는 경우가 많습니다. 하다못해 요즘 취업 전문 사이트에는 게시 글이나 답글을 통해 재직자가 구직자에게 이런저런 조언을 해 주기도 합니다.

이직, 신중하고 치밀하게 전략적으로!

여러분, 이직은 직장인이 자신의 가치를 몇 단계 업그레이드할 수 있는 좋은 도구입니다. 이직을 잘 활용하면 금전적인 혜택뿐 아니라 본인의 사회적 가치도 높일 수 있습니다. 그러나 그만큼 신중하고 치밀한 전략이 필요한 게 바로 이직입니다. 취업 준비생 시절의 그 간절함으로 이직을 준비한다면, 분명 성공적인 이직을 할 수 있을 것입니다.

Q 그러다 쉬게 되면 어쩌지?
A 비전 있는 백수가 되려면

살다 보면 뜻하지 않게 직장을 잃고 (혹은 자진해서 그만두고) 백수가 되는 경우가 있습니다. 아직 직장을 구하지 못한 취업 준비생은 물론이고, 현재 어딘가에 소속돼 있지만 언제 백수가 될지 불안해하는 분들도 많습니다. 비정규직인 터라 재계약 여부에 따라 하루아침에 직장을 잃을 수 있는 분들이 있고, 인턴 종료 후 정식 직원으로 채용될지 미정인 분들도 부지기수입니다. 암울한 얘기지만, 정규직이었지만 자기가 속한 부서가 통째로 없어지는 바람에 졸지에 직장을 잃은 분들 사연도 심심찮게 들을 수 있습니다.

이럴 때 느끼는 실직의 고통과 백수 생활로 인한 스트레스는 말로 형용할 수 없을 것입니다.

저 역시 대학 4학년 취업 준비생 시절, 언론사 입사 시험에 줄줄이 떨어지고, 취업 시즌 막바지에 간신히 합격한 신문사에서 IMF 여파로 합격을 연기하겠다는 통고를 보내오면서, 결국 백수 신분으로 졸업식을 맞이해야 했습니다. 당시 느꼈던 암담한 기분, 자신에 대한 실망감, 부모님에 대한 미안함 등은 아마 평생 잊히지 않을 것 같습니다.

막연한 좌절감과 자신감을 경계하라

누군들 본인이 원해서 직장을 구하지 못하거나 잃겠습니까. 다 이런저런 사유로 아픔을 맛보게 되는 셈인데요, 중요한 것은 설령 백수 신분이 되더라도 너무 좌절하지 말고 빨리 후속 대책을 세워야 한다는 점입니다.

저를 포함해 실제 많은 분들이 백수가 되고 나면 어찌할 줄 몰라 우왕좌왕하다가 시간만 속절없이 흘려보내는 경우가 많습니다.

이럴 때 가장 명심해야 할 것은 막연한 좌절감을 갖거나 반대로 막연한 자신감을 갖는 것을 경계해야 한다는 점입니다.

좌절하지 말고 자신을 다독이라는 것은 따로 말씀드리지 않아도 어떤 의미인지 잘 아시리라 생각합니다. 현재 내가 처한 이 어려운 환경이, 나 혼자의 잘못으로 발생한 일이 아니라는 것을 스스로 다독거려 줬으면 합니다. 실직이나 미취업은 혼자만 겪는 일이 아닐뿐더러, 그 원인을 캐보면 자신의 잘못이라기보다는 사회 구조적 문제인 경우가 대부분입니다. 그러니 너무 자책하거나 땅이 꺼질 듯 한숨을 쉬기보다는 '더 노력하면 오히려 지금 이 아픔이 더 큰 기회가 될 수 있을 거야.'라는 용기를 가지셨으면 합니다.

그리고 주변 분들한테 최대한 널리 퇴직 사실을 알리는 게 유리합니다. '회사 그만둔 것도 창피한데 굳이 주변에 알릴 필요가 있느냐.'라고 생각할 수 있지만 이는 오산입니다. 창피한 것은 순간이고, 한시라도 빨리 재취업 기회를 잡으려면 주변 분들에게 본인이 새로운 직장을 구한다는 사실을 전파하는 게 좋습니다. 그러다 보면 지인 소개로 새로운 직장을 얻을 가능성도 높고, 최소한 "야, ○○ 기업에서 요즘 사람 뽑는다고 하더라. 지원해 봐."라는 식으로 뜻하지 않게 구직 정보를 얻을 수도 있습니다. 좌절하기보다는 빨리 현실을 인정하고, 다음 단계를 준비하는 게 좋다는 의미입니다.

사실 막연한 좌절감을 갖는 것보다 더 큰 문제는 막연한 자신감을 갖는 것이 아닐까 싶습니다. '어떻게든 되겠지.'라는 근거 없는 자신감에 휩싸여 별다른 구직 노력을 기울이지 않다 보면 백수 시절이 예상 밖으로 길게 이어질 수 있습니다.

근거 없는 자신감에 안주할 게 아니라, 어떤 방식이 됐든 자신의 생활을 스스로 엄격하게 통제할 필요가 있습니다.

통상 직장을 그만두면 그동안 못해 봤던 여러 가지 일들을 시도해 봅니다. 외국어를 배운다거나, 해외여행을 간다거나, 레포츠 활동에 빠져 본다거나……. 이런 여유 자체는 분명 삶의 활력소가 될 수 있고, 한 단계 더 도약하기 위한 일종의 쉼표가 될 수 있습니다.

문제는 이런 쉼표를 찍는 와중에도 늘 사회와 호흡하는 것을 멈추면 안 된다는 점입니다. 그냥 단순히 여가 활동을 즐기기보다는 하다못해 간단한 아르바이트 자리라도 구해서 꾸준히 일하는 게 중요합니다. 돈도 돈이지만, 어쨌든 사회가 어떻게 돌아가고 있는지 다리 한쪽은 사회에 걸쳐 놔야 이를 토대로 다시 한 번 도약할 계기를 마련할 수 있습니다.

하루하루 직장인처럼 규칙적으로

특히 백수 시절, 많은 시간이 주어질수록 그 시간을 여느 직장인 못지않게 '칼같이' 사용하는 습관을 지니는 것이 중요합니다. 예컨대 해가 중천에 떴을 때 일어나 느지막이 아점 먹고, 점심쯤 되어서야 '오늘은 뭘 하면서 하루를 보낼까.' 머리 긁적이는 생활 패턴으로는 향기로운 미래를 꿈꾸기 힘듭니다.

비록 쉬고 있지만, 일반 직장인들처럼 아침에 일어나 똑같이 하루를 시작하고, 나름대로 일정표를 갖고 하루하루를 분초 단위로 지내는 습관이 반드시 필요합니다.

프리랜서도 시간에서 자유롭지 않다

예전에 외국 잡지에서 '유명 프리랜서들의 삶'이라는 특집 기획 기사를 본 기억이 납니다. 언뜻 생각하기에 프리랜서, 그것도 사회적으로 지명도 높은 유명 프리랜서들은 쉬고 싶을 때 쉬고 일하고 싶을 때 일하면서 높은 소득을 올릴 것 같지만 실상은 완전히 달랐습니다.

오히려 여느 평범한 회사원들보다 더 시간을 아껴 생활하는 게 그들의 공통점이었습니다. 매스컴에도 자주 나오는 유명 경영 컨설턴트는 아예 개인 사무실을 얻어 놓고 그 사무실에서 일반 직장인과 똑같이 업무를 봤다고 합니다. 아침 9시까지 칼같이 출근하고, 12시부터 1시간 동안 점심 먹고 저녁 7시에 퇴근하면서 나름대로 업무 시간을 준수한 셈입니다.

직원 한 명 없는 개인 사무실인 터라 사무실에 결근하든 지각하든 아무도 신경 쓰지 않을 테지만, 스스로 긴장감을 불어넣고 일반 회사원과 함께 호흡하기 위해 자신을 철저히 통제했다고 합니다. 그렇지 않을 경우 결국엔 경쟁자들을 이길 수 없기 때문이라고 합니다.

'무직의 시기'가 아닌 '도약의 쉼표'로

이 컨설턴트처럼 꽉 짜인 생활을 할 필요까지는 없겠지만, 이분이 강조하고자 하는 것을 어느 정도는 귀담아들을 필요가 있다는 생각입니다. 남아도는 게 시간이라는 안일한 생각 속에 주어진 시간을 제대로 활용하지 못하면, 그저 시간 흘러가는 대로 아무 생각 없이 생활하는 무의미한 나날이 이어질 것입니다.

규격화된 일반 직장인 삶이 아닐지라도 자기 생활을 어느 정도는 통제하고 채찍질하면서 나태해지는 것을 방지할 필요가 있지 않을까 싶습니다. 시간과 생활을 보다 체계적으로 관리하고, 사회 흐름과 동떨어지지 않도록 노력하며, 단 한 개의 정보라도 남들보다 더 캐내겠다는 열의로 하루하루를 대처해 나간다면 오늘의 백수 생활이 단순한 '무직의 시기'가 아니라 '도약을 위한 쉼표'가 될 수 있을 것입니다.

Q 이직 후 되돌아가고 싶으면 어쩌지?

A 후회 없는 선택은 없다

이직 후, 미련과 적응 사이

아는 분이 몇 년간 다니던 회사를 그만두고 이직했습니다.

기존에 다니던 회사는 작은 부품 소재 기업이었는데 가족적인 분위기에 업무 강도가 그다지 세지 않았다고 합니다. 다만 규모가 다소 영세하다 보니 급여가 적었고, 복리후생 역시 그렇게 잘 갖춰진 편은 아니었다고 합니다. 대략 5년 정도 이 회사에 다니던 중 '처우가 좋은 더 큰 기업으로 옮겨야겠다.'는 결심을 굳히고 헤드헌터를 통해 다른 회사로 이직하게 됐다고 합니다.

그런데 이직하자마자 생각지도 못했던 고민거리가 생겼습니다. 새 직장은 분명 급여가 대폭 올랐고, 사회적 지명도도 예전 직장보다 높은 기업인 터라 자부심을 느낄 만한데 정작 본인이 체감하는 만족도는 예전 직장보다 오히려 낮아졌기 때문입니다.

　우선 규모가 큰 회사라서 그런지 예전 직장처럼 가족 같은 분위기는 전혀 느낄 수 없었다고 합니다. 또 한 가지(모든 직장인이 공감하는 내용이겠지만) 급여가 늘어난 것까지는 좋은데 그에 비례해 업무 역시 폭발적으로 늘었다는 점입니다.

　예전 직장에서는 업무가 끝나면 직원들끼리 자장면 시켜 먹으며 당구를 치거나 스크린 골프장에 우르르 몰려가 술값 내기 게임을 벌이는 등 '저녁이 있는 삶'이 가능했다고 합니다.

　반면 새로 옮긴 직장에서는 저녁이 있는 삶은 고사하고, 야근이나 휴일 근무를 밥 먹듯 하는 상황이 연일 이어졌다고 합니다. 직원 간 유대감도 깊지 않고, 심지어 서로를 경쟁 상대로만 여기는 듯한 살풍경한 분위기마저 느껴지더랍니다.

　상황이 이렇다 보니 후회가 물밀 듯 몰려왔다고 합니다. '괜히 옮겼다.'라는 후회였습니다. 이직 과정 대부분이 그렇지만, 이분 역시 어렵게 회사를 옮긴 터라 다시 예전 회사로 돌아갈 수는 없고 이러지도 저러지도 못 한 채 마음은 갈수록 무거워졌다고 합니다.

　그러던 어느 날, 예전 회사에서 모시고 있던 이사님이 전화를 해 왔다고 합니다. "○○아, 잘 살고 있냐, 옮겼다고 이제 전화 한 통 안 하기냐?"라고 애정 섞인 타박을 하시더니 "사장님께서 너 적응 잘하고 있는지 궁금해하시고, 직원들도 너 보고 싶어 한다. 다들 너랑 다시 일하고 싶어 해. 적응 안 되겠다 싶으면 다시 돌아와, 인마." 이렇게 말씀하더랍니다.

이사님한테 이런 말을 듣자 '이사님, 그렇지 않아도 돌아가고 싶었습니다. 다시 받아만 주신다면 내일 당장 그리로 복귀하겠습니다.'라는 말이 목구멍까지 올라왔지만 차마 입 밖으로 꺼내지는 못했답니다.

그 대신 "챙겨 주셔서 감사합니다만, 어차피 회사를 옮겼으니 죽이 되든 밥이 되든 여기서 승부를 보겠습니다."라고 답했다고 합니다.

통화한 뒤 며칠 동안 정말 일이 손에 잡히지 않더랍니다.

'그냥 자존심 접고 예전 회사로 돌아갈까……. 아니야, 사내자식이 한 번 칼을 뺐으면 무라도 잘라야지……. 아니야, 이사님까지 직접 전화해서 날 챙겨줄 정도로 아직 나를 높게 평가해 주는 회사인데 내가 돌아가는 게 맞는 것 같아.'

이렇게 생각이 하루에도 수백 번 왔다 갔다 하더랍니다. 결론적으로 말씀드리면 이 지인은 예전 회사로 돌아가지는 않았습니다. 그렇다고 현재 직장에 적응을 마친 뒤 잘 살고 있는 것 같지도 않습니다. 아직 예전 회사에 미련은 남아 있고, 현재 직장이 썩 만족스러운 것은 아니지만 그럭저럭 적응하려고 노력하면서 회사에 다니고 있는 것입니다.

돌아오라는 말이 귓전을 맴돌 때

제가 첫 직장이었던 신문사를 떠나 청와대로 갈 때 회사 선배가 해 준 '농담 반 진담 반' 조언이 지금껏 떠오릅니다.

"야, 신문사 나가서 영 아니다 싶으면 다시 돌아와. 되돌아온다고 남들이 욕을 하건 말건 신경 쓰지 말고 돌아오면 돼. 욕먹는 것은 몇 주면 되는 거니깐!"

물론 저는 다행인지 불행인지 언론계로 되돌아가지는 않았고 무사히(?) 청와대 생활을 마친 뒤 전혀 다른 업종으로 옮겼습니다. 하지만 청와대 생활이 고되고 힘들 때면 저 선배 말처럼 '눈 딱 감고 다시 복귀하겠다고 부탁해 볼까.'라는 유혹에 시달려야 했습니다.

항상 최고의 선택을 할 수는 없다

평생 후회라는 단어에 한 번도 빠져 보지 않은 사람이 과연 존재할까요. 신이 아닌 이상 항상 최적의 선택을 할 수는 없고, 먼 훗날 되돌아봤을 때 '그때 내가 왜 그랬을까.'라는 후회를 한 번도 안 하고 살 수는 없습니다.

특히 아직 자신이 어떤 인생을 살아야 하는지, 자기에게 가장 적합한 길이 어떤 것인지 확실히 정하지 못한 젊은 시기에는 이래저래 후회스러운 선택을 많이 하게 됩니다. 아직 너무나 많은 가능성이 있고, 너무나 많은 선택지가 있기 때문에 그만큼 후회할 일도 많은 게 청춘의 시기입니다.

그렇지만 정말 중요한 것은 그 후회에 대한 대처입니다.

한번 선택한 길을 끝까지 가라는 말씀을 드리고 싶지는 않습니다.

맨 처음 말씀드린 '이직한 뒤 후회하는 지인'의 경우, 현재 직장을 계속 다니는 게 정답인지, 그냥 자존심 딱 접고 예전 직장으로 돌아가는 게 정답인지 잘 모르겠습니다. 사람마다 생각이 다르니까요.

돌아갈 수 없다면 여기서 최선을 다하라

후회하지 말고, 되돌아갈 생각하지 말고 현재 상황에서 해법을 찾으라는 게 항상 최고의 해법일 수는 없습니다. 만일 현 상황을 되돌려 이직 이전 상태로 돌아갈 수 있다면 그 길로 가는 것도 고려해 볼 만한 선택지입니다.

그러나 살다 보면 한번 선택한 길을 원점으로 되돌린다는 게 결코 쉽지 않은 일임을 우리 모두 너무나 잘 알고 있습니다. 그래서 다소 식상하더라도 결국 '후회할 시간 있으면 현재에 최선을 다하라.'는 말이 가장 좋은 해법으로 남아 있는 것이 아닐까 싶습니다. 되돌아갈 수 없는 길에 대해 후회할 시간이 있으면, 차라리 현재 처한 상황을 어떻게 뚫고 나갈지 대안을 찾는 게 낫다는 의미입니다.

낯선 곳에서 성공을 일궈 낸 사람들

신문이나 방송을 보면, 한 분야에서 적당한 성공을 거둔 뒤 낯선 분야에 도전해 더 큰 성공을 거둔 사람들 이야기를 자주 접할 수 있습니다. 예컨대 한국에서 최고로 꼽히던 운동선수가 해외에 진출해 처음에는 다소 부진하더라도 결국에는 큰 성과를 내는 경우입니다.

이런 분들 인터뷰를 읽다 보면 꼭 이런 구절들이 나옵니다. "처음 낯선 외국에 왔을 때는 정말 후회됐다. 그냥 한국에 있었다면 편히 살 수 있었을 텐데, 왜 이 낯선 땅에서 고생을 자초하나 하는 생각이 들었다. 짐을 싸서 돌아가 버릴까 하는 생각을 수천 번도 더 했다. 하지만 여기서 포기할 수 없다는 생각에 이를 더 악물고 열심히 했다."라는 식의 경험담입니다.

우리처럼 평범한 사람뿐 아니라 존경받는 유명 인사 역시 자기 선택에 대해 후회하고 좌절했던 경험 한두 번씩은 있는 것 같습니다.

누구나 한 번쯤은 후회스러운 선택 때문에 고통받고 자기 자신을 한심스러워 할 수밖에 없습니다. 그게 인간입니다. 그런 과정을 누구나 거칠 수밖에 없고, 그 과정에서 몇 번은 '도전과 응전'을 겪는 게 일상다반사입니다.

어떤 선택에서 착오를 빚었다고 너무 자책하거나 괴로워하지 마시길 바랍니다. 신이 아닌 이상 누구나 실수하고 후회할 수밖에 없습니다.

이 길을 선택한 이유를 기억하라

그리고 잊지 말아야 할 것 한 가지, 지금 삶이 마음에 안 든다고 해서 현재의 길을 선택한 이유를 너무 쉽게 망각해서는 안 될 것 같습니다.

예컨대 이직을 했다면, 과거 직장에서 분명 어떤 이직 사유가 있었기 때문에 오랜 고민 끝에 이직을 결심했을 것입니다. 당시 직장이 급여가 적었다든가, 비전이 없었다든가……. 그리고 그 사유를 해결하기 위해 어렵게 선택한 길이 바로 지금 내가 가고 있는 길입니다.

비록 지금 내가 선택한 이 길이 다소 힘들고 어려워 보여도, 몇 년 전 여러분은 바로 지금 이 길을 걷고 싶어 엄청난 노력을 기울였다는 사실을 꼭 기억하셨으면 하는 바람입니다.

새로운 도전이 두려울지라도
차분히 퀀텀 점프를 준비하라

특성화 고교를 졸업한 뒤 대학 진학 대신 취업을 선택한 조카가 있습니다.

컴퓨터를 다루는 데 남다른 재능이 있었던 조카입니다. 어린 나이에 꿋꿋하게 직장 생활 하는 모습을 보니 삼촌으로서 대견하기도 했지만 한편으로는 너무 어린 나이에 사회생활을 하면서 고생하는 것 같아 안쓰러운 마음이 들었습니다.

도전하고 싶은 마음 vs. 추락에 대한 두려움

하루는 퇴근 후 시내에서 조카와 만나 이런저런 얘기를 나누는데, 조카가 마음속 고민을 털어놨습니다.

현재 다니고 있는 직장이 처우가 좋고 동료 직원들도 친절히 대해 줘 계속 다니고 싶기는 하지만 마음 한 켠으로는 대학에 다니고 싶은 마음이 생겼다고 합니다. 그래서 대학 입시를 준비하고 싶기는 한데, 나중에 대학을 졸업해 봤자 현 직장처럼 마음에 쏙 드는 곳에 다시 갈 수 있을까 걱정된다는 것이었습니다.

조카의 고민을 들은 저는 "네 마음이 대학 진학을 원하면 그렇게 준비하도록 해라. 현재 직장이 마음이 든다고 해서 새로운 영역에 도전하는 것을 주저할 필요는 없다."고 조언해 줬습니다.

계단을 오르다 보면 점프할 기회가 온다

경영학에서 많이 쓰는 용어 중 '퀀텀 점프(Quantum Jump)'라는 단어가 있습니다. 원래 물리학에서 쓰이는 용어지만 보통 '어떤 일이 연속적으로, 순차적으로 발전하는 것이 아니라 계단을 뛰어오르듯 확 발전하는 것'을 의미하는 용어입니다.

기업에서는 신기술이나 혁신적인 제품을 개발해 실적이 일순간에 비약적으로 발전하는 것을 퀀텀 점프라고 표현합니다. 애플이 아이폰을 만들어 엄청난 실적 상승을 이룬 것을 생각해 보면 이해가 빠르실 듯합니다.

제가 드리고 싶은 말씀은, 우리 인생에서도 퀀텀 점프를 이루려는 노력을 지속적으로 할수록 더 많은 성과를 낼 수 있다는 것입니다.

흔히 인생에서 세 번 기회가 온다고 합니다. 이 말은 정도의 차이는 있어도 누구에게나 자기 인생을 바꿀 만한 퀀텀 점프 기회가 몇 차례는 온다는 것을 의미합니다. 다만 그 기회를 잘 활용하느냐, 아니냐의 차이가 있을 뿐입니다.

앞서 말한 제 조카 경우는, 현재 직장 생활에 만족하는 대신 대학 진학이라는 새로운 길을 택하는 게 퀀텀 점프가 될 가능성이 높다고 봅니다.

그렇다고 제가 '한국 사회에서 잘 되려면 무조건 대학을 나와야 한다.'는 주장을 하려는 것은 아닙니다. 중소기업은 물론 이미 대기업까지 학력 차별의 벽을 부수고 있고, 실제 제가 몸담은 기업체에서도 고졸 신입사원들이 혁혁한 성과를 내고 있어 주변을 놀라게 하고 있습니다.

다만 제 조카의 경우 그다지 불만이 없는 현재 직장을 과감히 관두고 새로운 시도를 하려는 마음가짐 자체가 퀀텀 점프를 위한 좋은 자세라고 할 수 있습니다.

조카 걱정대로 나중에 대학을 졸업한 뒤, 오히려 현재 직장보다 조건이나 분위기가 더 안 좋은 직장에 취업할 가능성도 있습니다. 그러나 그런 가능성이 남아 있다고 해서 자신이 퀀텀 점프할 기회를 차 버리는 것은 적절한 선택이 아니라고 봅니다. 다소 불투명해 보일지 몰라도 자꾸 도전하고 깨지면서 자기 미래를 가꿔 나가는 게 젊음의 특권이니까요.

이승엽 선수가 타격 자세을 바꾼 이유

야구계에서 은퇴한 전 삼성라이온즈 양준혁 선수 특강을 들은 적이 있습니다. 자신보다 한참 후배인 이승엽 선수 사례를 들려주는 데 참 감명 깊었습니다.

이미 한국 야구계에서는 더 이상 따라올 자가 없는 명실상부한 홈런왕이 된 이승엽 선수지만, 자꾸 새로운 타격 자세을 연습하더랍니다. 남들이 보기에는 더 이상 손댈 곳이 없어 보이는 완벽한 타격 자세를 갖췄고, 실제 그 타격 자세로 아시아 프로 야구를 호령하는 '홈런왕'이 됐지만, 본인은 불만이 있는지 꾸준히 타격 자세를 수정하고 연습을 반복하더랍니다.

그리고 얼마 뒤, 새로운 타격 자세를 죽으라고 연습한 이승엽은 한 시즌 홈런 56개를 날리며 아시아 신기록을 달성했습니다.

홈런왕을 한두 차례 수상하다 보면 현재 타격 자세를 바꾸기는커녕 어떻게든 현 타격 자세를 유지하는 데 신경을 집중하기 마련인데, 이승엽 선수는 일반 선수들 사고방식과는 아주 달랐던 것입니다.

그냥 단순한 '한국 홈런왕'과 '아시아 홈런왕'은 어감 자체가 다릅니다. 이승엽 선수 같은 경우가 바로 자기와의 싸움에서 승리해 퀀텀 점프를 이뤄 낸 경우입니다.

나만의 '퀀텀 점프'를 위하여

장인들 역시 마찬가지입니다. 물론 현재 몸담은 직장이나 조직에서 열심히 노력해 남들로부터 인정받는 사람이 되는 것이 무엇보다 중요합니다. 그러나 현재에 충실하라는 것이 미래를 준비하지 말라는 것은 결코 아닙니다. 현실에 충실하되 늘 생각과 시선은 미래를 향하고 있어야 합니다. 어떻게 하면 '나'라는 브랜드 가치를 높일 수 있을까, 어떻게 하면 내 인생을 업그레이드할 수 있을까 고민하고, 그 고민을 해결할 수 있는 이런저런 노력을 경주해야 합니다.

그런 과정을 통해 스스로 퀀텀 점프 기회를 만들어 나가야 합니다. 가만히 앉아 있는다고 남들이 나에게 기회를 거저 주지는 않습니다. 아등바등 어떻게든 기회를 만들어 내려고 악착같이 노력해야 합니다.

물론 그 과정에서 이런저런 고민이 생기게 마련입니다. '괜스레 어려운 도전을 하다가 그나마 현재보다 못한 결과가 초래되면 어쩌나.' 하는 불안감은 누구나 가질 수밖에 없습니다. 미래는 그 누구도 단언할 수 없기에 불안해하는 것은 당연한 일입니다.

이런 말씀을 드리는 저 역시 직장을 몇 번 옮기는 과정에서 이런저런 불안감을 가졌던 게 사실입니다. 실제 어떤 직장은 새로 출근하고 며칠 안 돼 '괜히 옮겼다. 전 직장으로 돌아가고 싶다'는 생각이 든 적도 있습니다.

그러나 당시 제가 직장을 옮겼던 것은 결과적으로 지금 돌이켜 볼 때 제 인생에 있어 '퀀텀 점프'가 됐던 것 같습니다. 어려움과 고통은 있었지만 이직을 통해 새로운 영역에 도전했고, 제 나름대로 과거보다는 더 발전된 삶을 살 기회를 얻었기 때문입니다.

닻을 올릴 준비, 되셨습니까?

'배는 항구에 정박할 때 가장 안전하다. 그러나 배는 그러자고 있는 것이 아니다'는 격언을 참 좋아합니다. 여러분도 항구에 편안하게 머물러 있는 배가 되기보다는 거친 풍랑을 헤치는 배가 되셨으면 합니다. '퀀텀 점프'를 이룩하기 위해서는 현재의 삶에 집중하되 늘 미래를 준비하려는 도전적인 마음가짐이 필요하지 않을까 싶습니다.

PART 4

선배,
일이 인생의
전부는 아니겠지?

샐러리맨을 위한 자기 계발 노하우

A 자기 계발, 하려는 이유부터 명확히 하라

치열한 경쟁을 뚫고 취업에 성공해 번듯한 직장을 다닌다고 해도 좀처럼 불안감은 가시지 않습니다. 직장 생활이라는 게 워낙 경쟁이 치열하고, '취업＝평생직장'이라는 개념이 강했던 과거와 달리 언제 대규모 해고가 벌어질지 모르는 게 요즘 일반적인 분위기입니다.

그래서인지 많은 직장인이 자기 계발을 해야겠다는 강박감에 시달립니다. 요즘은 기업들도 직원들의 자기 계발을 돕기 위해 사내 전문가 과정이나 MBA 과정, 어학 코스 등 다양한 지원 시스템을 운영하고 있습니다.

그러나 일상 업무 처리에 바쁜 직장인들이 이런 제도를 이용하는 것 자체가 어려운 경우가 많습니다. 설사 시간이 되더라도 '너 사내 어학 코스 다니는 것을 보니 요즘 한가한가 보구나.'라는 얄미운 상사의 비아냥을 듣는 게 싫어 일부러 등록 안 했다는 얘기도 들어 봤습니다. 결국 퇴근 후 인근 학원을 찾거나, 인터넷 등을 통해 자기 계발에 나서는 분들이 갈수록 늘어나는 추세라고 합니다.

각자 처한 상황이 다르므로 딱히 '자기 계발에는 이 방법이 최고'라는 말씀을 드리기는 힘들 것 같습니다. 다만 어떤 방식으로 자기 계발을 하든 이왕이면 본인 직무와 직접 연계되면서 즉시 효과가 날 수 있는 분야에 시간과 돈을 투자하라는 조언을 드리고 싶습니다.

자기 계발도 전략적으로

제 주변에도 많은 분이 대학원을 다닙니다.

바쁜 직장 생활 속에서 대학원 다닐 생각을 하고, 실제 학업을 이어 나가는 것 자체만으로도 참 부지런한 분들이라는 생각이 듭니다. 그런데 가끔은 의문이 들 때가 있습니다. '저분은 대체 저 대학원에 뭐하러 다니는 것일까.'라는 의문입니다. 아무리 생각해 봐도 지금 하고 있는 업무와 너무나 동떨어진 전공을 택한 것처럼 보였기 때문입니다. 예를 들어 IT 업계에 종사하는 분이 부동산 관련 대학원을 다니는 식입니다.

물론 반드시 업무와 관련된 학문을 전공하라는 법은 없습니다. 지금은 IT 업무에 종사하고 있을지라도 언젠가 부동산 관련 분야에서 '인생 2막'을 열겠다는 포부를 가지고 있다면 이런 선택이 꼭 나쁘다고 볼 수는 없을 것입니다.

또한 요즘 유행하는 '융합'이라는 콘셉트에 맞춰, 아예 동떨어져 보이는 이종 학문 간 융합을 통해 '나만의 경쟁 무기'를 만들어 보겠다는 포부를 꾸는 것이라면 긍정적으로 바라볼 여지가 있습니다.

하지만 보통 경우라면 한번 선택한 업종이 평생 업종이 될 가능성이 높습니다. 그런 점에 비춰 보면 현재 업무에 도움이 될 수 있는 전공을 택하면 더 좋지 않을까 하는 생각입니다.

그리고 업무 분야와 관련된 대학원을 다니다 보면 거기서 형성된 인맥이 훗날 자기에게 여러 가지 방식으로 도움이 되는 경우가 많습니다.

예컨대 언론 관련 업종에 종사했던 저에게는 경영학 석사 학위가 그다지 업무상 도움이 되지 않았습니다. 물론 시야를 넓혔다는 장점이 있을 수 있겠지만 이왕이면 언론 대학원을 다녔다면 업무적으로 더 많은 도움이 되지 않았을까 하는 아쉬움이 지금까지도 남아 있습니다.

요즘은 직장 생활 경력이 많은 분들을 대학에서 '객원 교수' 혹은 '겸임 교수' 형식으로 초빙하는 사례가 점차 늘고 있습니다. 학교로서는 현장 경험이 많은 분들의 살아 있는 지식을 학생들에게 전수할 수 있어서 좋고, 직장인들에게는 본인이 가진 지식과 경험을 사회 후배들에게 전수할 수 있을뿐더러, '인생 이모작' 수단으로도 훌륭한 대안이 될 수 있습니다.

그런데 이 경우에도 마찬가지입니다.

학교는 해당 분야에서 오랜 기간 경력을 쌓고, 해당 학위까지 갖춘 분을 선호합니다. 해당 분야의 실무 경력은 없이 그저 석·박사 학위를 가졌다고 교원으로 초빙하지는 않습니다. 즉 오랜 실무 경력에 학위까지 갖춘다면, 그렇지 못한 경우보다 훗날 인생 이모작을 할 수 있는 더 많은 기회가 있다는 의미입니다.

동기 따라 학원 가지 마라

많은 직장인들이 어학 실력을 키우겠다며 퇴근 후 학원에 다닙니다. 외국어 실력 좋아서 손해 볼 일은 전혀 없습니다. 상당수 기업들이 승진 필수 요건으로 토익 점수 등 어학 성적표를 요구하는 것도 사실입니다.

그런 사정을 감안하더라도, 우리나라 직장인들의 어학 열풍은 조금 '과잉'이라는 생각을 지울 수 없습니다. 대체 왜 자기가 영어 실력을 키워야 하는지, 혹은 중국어 실력을 늘려야 하는지 뚜렷한 목적과 목표가 있어야 합니다. 그저 막연하게 '영어 실력이 좋아지면 회사에서 뭔가 이득을 보지 않을까.'라는 생각만으로는 부족합니다.

본인 스스로 납득할 만한 구체적이고 뚜렷한 이유가 있어야 학습 의욕이 오르고 열정도 생깁니다. 그저 남들이 하니까 나도 한다는 식의 생각, 자기 계발이 직장인들의 필수 덕목이라고들 하니까 대충 영어 학원이라도 다녀 보자는 심경으로 시작했다가는 얼마 지나지 않아 이 핑계 저 핑계로 학원을 빠지는 본인 모습을 발견하게 될 것입니다.

절실하지 않으면 몸이 따르지 않는다

저 역시 한때 '이렇게 살다가는 정말 남들한테 뒤처지겠다. 영어 청취라도 해 보자.'는 결심을 한 뒤 스마트폰 어플리케이션을 통해 미국 라디오 방송을 매일 아침 들은 적이 있습니다.

그러나 영어 청취력을 왜 향상해야 하는지 그다지 절실하게 다가오지 않았고, 어느 순간 '영어 잘 들린다고 승진할 것도 아니고, 거꾸로 영어 잘 안 들린다고 회사에서 불이익당할 일도 없는 것 아닌가.'라는 생각에 꾀가 나기 시작했습니다.

그 이후 슬금슬금 청취를 빼먹기 시작하더니, 영어 듣기 공부는 제 일상생활에서 소리소문없이 사라졌습니다. 저 스스로 납득할 만한 뚜렷한 자기 계발 이유와 명분, 그리고 구체적인 목표가 없다 보니 지속력이 떨어진 부끄러운 사례입니다.

자신부터 설득하라

자기 계발을 시작하려면 되도록 자기 자신에게 확실한 명분을 심어 줬으면 합니다.

'난 이걸 해야 승진할 수 있어.' '이 운동을 통해 뱃살을 빼지 않으면 난 멋진 애인을 만들 수 없어.' '내가 정말 하고픈 일을 하려면 이 자격증을 반드시 올해 안에 따야 해.'라는 뚜렷한 이유와 목적이 있다면, 일상이 아무리 피곤해도 열정을 발휘할 수 있습니다.

그렇지 않은 경우 어학이건 운동이건 자격증이건, 시작한 지 얼마 안돼 '오늘은 이러저러해서 못하지만 다음 주부터는 열심히 하자.'라며 핑계 대는 자신의 모습을 발견할 수 있을 것입니다.

Q 일만 해도 벅찬데 언제 자기 계발을?
A 시도 때도 없이 무한도전 멤버처럼!

그동안 사회생활하면서 자기 계발할 때 경험상 가장 효율적인 방법은 '무한도전 스타일'이었습니다. 네, 맞습니다. 개그맨 유재석과 박명수가 나오는 그 무한도전을 말합니다.

틈틈이 준비하는 '무한도전 스타일'

여러분도 경험하셨겠지만 무한도전을 시청하다 보면 깜짝 놀랄 때가 많습니다. 매주 녹화해서 방송하는 것은 여타 예능 프로그램과 비슷하지만, 중·장기 프로젝트를 이중 삼중으로 만들어 프로그램을 알차게 만듭니다.

시청자들은 실제 전파를 타는 시점에서야 무한도전 멤버들이 그동안 어떤 프로젝트를 진행했는지 알게 되지만, 제작진은 치밀하게 연간 계획을 세워 놓고 촬영을 진행합니다.

다달이 사진을 찍어 연말이면 달력을 내놓고, 그 와중에 각종 프로젝트를 진행해 결국 하나의 작품을 내놓는 방식입니다. 때로는 외국까지 진출하는 프로젝트를 진행하기도 합니다. 이런 프로젝트를 진행하면서도 매주 내보내는 정기적인 방송분은 그 나름대로 고품질을 유지합니다.

이를 직장인에 비유한다면, 일상적인 업무는 기본이고 여기에 더해 남들 모르게 중·장기 프로젝트를 만들어 나만의 비밀 병기로 삼는 셈입니다. 회사 업무는 업무대로 열심히 하면서, 자투리 시간을 이용해 자기 계발을 열심히 하고 그 결과 남들과는 차별화된 경쟁 무기를 갖추는 것입니다.

어느 인사 매니저의 자기 계발 프로젝트

지인 중 한 분이 외국계 기업에서 인사(HR) 매니저로 일하고 있습니다.

일상적으로 처리해야 하는 업무량이 만만치 않아 자주 야근을 하는 분입니다. 그렇지만 현재 처리하는 HR 업무보다 더 수준 높고 심화된 지식을 키우고, 업종 내 인맥도 키워 보겠다며 관련 정보를 끊임없이 수집했습니다.

그렇게 해서 찾아낸 방법이 자격증 공부. PHR(Professional in Human Resource, 미국인적자원관리협회에서 부여하는 HR 전문자격증) 자격증 대비 모임에 꾸준히 출석했다고 합니다. 이 모임을 통해 업무 관련 지식을 습득한 것은 기본이고, 관련 업종에 종사하는 사람들과 꾸준히 교류함으로 써 업계 관련 소식은 물론 이직과 관련한 각종 정보를 접할 수 있었다고 합니다.

물론 평일에는 워낙 바빠 모임에 자주 출석하지 못했으나 주말을 이용해 모임 분들과 함께 강사를 초빙해 특강을 듣고 업계 최신 동향도 파악했다고 합니다. 남들 쉬는 주말에 업무 관련 자기 계발을 해야 한다는 게 말처럼 쉬운 일은 아니었으나, 미래를 위해 그 정도 희생쯤은 감수할 수 있다며 자신을 채찍질했다고 합니다.

한발 더 나아가 PHR 모임 활동이 중기 자기 계발 프로젝트였다면, 장기적으로는 연관 업무인 회계 분야 지식 습득을 위해서 인터넷을 통해 틈틈이 강의를 듣고 있다고 합니다.

인사 실무 경력에 외국 자격증을 더하고 여기에 회계 지식까지 갖춘 뒤, 기회가 닿으면 외국계 기업 임원으로 도전해 본다는 게 이분의 자기 계발 전략이었습니다.

물론 이런 방식이 정답이라고 말할 수는 없지만, 제 기준으로는 효율적이라는 생각이 들었습니다. 현재 업무에 직접적인 도움이 되면서 동시에 흔히 말하는 자기 '몸값'을 높이는 자격증 취득을 꾀할 수 있고, 덤으로 관련 분야 종사자들을 통해 이직 기회까지 엿볼 수 있기 때문입니다.

보이지 않더라도 근육을 키우라

자기 계발은 미래를 위한 투자입니다.

지금 당장은 자기 계발에 신경 쓰지 않는다고 해서 인사 고과가 나빠지는 것도 아니고, 상사한테 꾸중을 듣는 것도 아닙니다. 거꾸로 자기 계발을 한다고 해서 당장 월급이 오르거나 인사 고과 점수가 상승하지는 않습니다.

하지만 지속적으로 자기 계발을 하는 사람과 그렇지 않은 사람은 앞으로의 직장 생활의 질이 달라질 수밖에 없습니다.

프로야구 선수를 예로 들어 볼까요?

동계 훈련을 열심히 한 운동선수와 그렇지 않은 선수는 봄까지는 별로 체력 차이를 보이지 않습니다.

하지만 초여름이 지나고 본격적인 여름철이 다가오면, 동계 훈련 때 열심히 몸을 만들고 훈련한 선수와 그렇지 않은 선수는 현격한 차이를 드러냅니다. 기본 재능과 실력으로 단기간은 버틸 수 있어도, 그 이후 중장기 레이스에서는 체계적인 노력이 반드시 필요하다는 의미입니다.

지속적으로 노력하는 자가 살아남는다

직장 생활 역시 마찬가지라는 생각입니다.

지금 당장이야 별 효과가 보이지 않을지라도, 점점 시간이 가고 직급이 올라갈수록 자기 계발을 열심히 한 직원과 그렇지 않은 직원과는 차이가 날 수밖에 없습니다.

어차피 천재가 아닌 이상 사람들 재능은 거기서 거기입니다.

서로 엇비슷한 재능을 가진 직장인이라면, 결국은 꾸준히 자신을 단련한 직장인이 더 나은 역량을 보이는 것이 당연한 일입니다.

비록 지금 이 순간 피곤하고 지친 몸일지라도, 미래를 위해 투자한다는 각오로 열심히 자기 계발을 해야 합니다. 지금의 작은 투자가 먼 훗날 큰 차이를 만들 수 있다는 사실을 명심하시길 바랍니다.

Q 어떻게 해야 시야를 넓힐 수 있지?
A 신문부터 열심히 읽으라

앞서 말씀드렸듯, 우연한 기회에 회사 면접관으로 참여한 적이 있습니다. 늘 면접을 당하던 처지에서 난생처음 면접관으로 임하다 보니 여러 가지 생각이 들더군요. 그 당시 느꼈던 감동은 이미 말씀드렸고, 여기서는 다른 측면에서 다뤄 볼까 합니다.

교양의 척도, 시사 상식

면접관으로 함께 들어갔던 동료분이 응시자들한테 공통적으로 질문을 던졌습니다.

"최근 일주일 동안 읽었던 기사 중에 가장 인상 깊었던 뉴스는 어떤 것입니까?"

답변들을 듣다가 좀 놀랐습니다. 솔직히 말씀드리면 실망에 가까운 놀라움이었습니다. 면접시험을 철저히 준비하고 들어온 분들인 만큼 최소한 정치·경제·사회 등 시사 관련 답변을 할 것이라고 생각했습니다. 그러나 제 예상은 빗나갔습니다.

응시자 대부분이 "연예 뉴스가 기억난다. 그중에서도 탤런트 P씨 스캔들."이라는 식으로 답변했습니다. 연예 뉴스도 엄연한 뉴스고, P씨 스캔들이 워낙 사회적으로 이슈가 된 시기였던 만큼 그 뉴스가 가장 기억에 남는 게 자연스러운 일일 수 있습니다.

그러나 이날 저를 포함한 면접관들이 기대했던 것은 응시자들이 자신의 지적 수준을 자랑할 수 있는 유의 답변이었습니다.

물론 면접관마다 기준은 다를 수 있습니다. 그러나 여러분이 면접관이라면 지난 일주일 동안 가장 인상 깊게 읽은 뉴스로 '탤런트 P씨의 스캔들'을 꼽는 응시자와 '엔화 가치 하락에 따른 한일 무역 관계 변화'를 꼽는 응시자 중 누구에게 더 높은 점수를 주시겠습니까.

이날 면접에서 한 응시자가 '북한의 핵 위협 뉴스'라는 답변을 내놨는데, 다른 응시자들보다 시사 문제에 관심이 더 많다는 생각이 들었습니다. 솔직히 다른 응시자들보다 더 똑똑해 보인다는 느낌을 받았습니다. 면접이 끝나고 다른 면접관들과 의견을 나눴는데 다들 의견이 비슷했습니다.

또 한 가지, 응시자들은 공통으로 "P씨 스캔들 소식은 인터넷 포털 사이트를 통해 읽었다."라고 답변했습니다. 신문을 통해서 뉴스를 접했다는 응시자가 단 한 명도 없었다는 점도 예상과 다른 부분이었습니다.

홀로 존재하는 기업은 없다

여러분 입사에 성공하기 전, 취업 준비생 시절을 되돌아보세요.

흔히 말하는 '스펙'을 쌓겠다며 이런저런 자격증 준비나 봉사 활동 등을 했던 분들이 대부분일 것입니다. 취업하려는 회사가 인·적성 시험을 치르는 경우, 이에 대비하기 위해 관련 문제집 사다 놓고 끙끙대며 풀었던 분들도 많을 것입니다. 또 어떤 분들은 면접에 대비해 각종 시사 관련 뉴스나 기사를 열심히 보고 외우고 스터디하셨을 겁니다.

자, 그러면 질문 하나 드리겠습니다.

취업에 성공해 어엿한 직장인이 된 지금, 여러분은 세상 돌아가는 흐름을 얼마나 열심히 파악하고 계신가요? 내 업무 파악하기도 힘든데 뭔 세상 흐름까지 파악하느냐고요? 회사 보고서 읽기도 바빠 죽겠는데 뭔 바깥 얘기까지 신경 써야 하느냐고요?

만일 그런 생각을 하고 있다면 여러분은 영원히 '신입사원급 사고방식'에서 벗어날 수 없게 됩니다. 회사 업무라는 게 사회 흐름과 동떨어진 별개의 것이 전혀 아닙니다. 어차피 기업은 그 기업이 속한 사회에서 장사를 하고 이윤을 남겨야 합니다. 수출 기업 역시 마찬가지입니다.

예컨대 해외에 제품을 수출하는 기업이라면, 해당 국가의 문화, 풍습, 제도, 정치, 경제, 사회 변화까지 종합적으로 고려해야 원활한 이윤 창출 활동을 할 수 있습니다. 결론적으로, 세상과 격리된 채 나 홀로 존재하는 그런 기업은 지구상에 없습니다.

세상 흐름을 파악하라

기업에 속한 직장인들도 마찬가지입니다. 바깥 세상이야 어떻게 돌아가든 말든, 나는 내 장표만 그리고, 거래처만 관리하고, 품질 관리만 한다고 해서 제대로 된 직장 생활이 될 수는 없습니다.

마케팅 부서에 속해 있으니 해당 제품군에 관한 시장 정보만 파악하면 된다? 인사 부서이니 인적 자원 관리만 잘하면 된다? 현장 근무인데 사회 변화까지 알아야 할 필요는 없다?

아닙니다.

해당 제품군 시장 정보에만 매몰되면, 더 큰 히트작을 내놓지 못하게 됩니다. 새로운 시장은 없는지, 소비자 트렌드는 무엇인지 거시적으로 볼 수 있어야 합니다. 여러분이 인사 조직에 속해 있다면 정부가 앞으로 통상 임금 기준을 어떻게 바꾸려고 하는지, 해외 유수 기업들은 요즘 채용 방식을 어떻게 바꾸고 있는지 파악해야 합니다. 생산 현장에 있다고 해서, 이 생산 라인이 내 직장 생활의 전부라고 생각하면 안 됩니다. 내가 투입된 이 생산 라인에 언제까지 우리 회사가 재원을 투입할지, 새로운 라인 증설은 어떤 제품 쪽으로 이뤄질지 파악해야 본인 인생 계획도 그에 맞춰 세울 수 있습니다.

이런 모든 정보와 동향, 흐름 들은 각종 채널을 통해 부지런히 파악해 둬야 본인 직장 생활에 여러모로 도움이 됩니다.

신문을 보면 좋은 이유

그렇다면 이런 동향과 정보, 흐름은 어떻게 취득할 수 있을까? 가장 손쉬운 방법은 바로 각종 언론 보도를 유심히 챙겨 보는 것입니다.

보통 일간지는 하루 32면 안팎에서 발행됩니다. 한 면에 적게는 서너 개, 많게는 예닐곱 개의 기사가 실립니다. 방대한 분량입니다. 그래서 중세시대 인류가 10년 걸려 얻을 지식을 현대인은 단 하루치 신문으로 얻는다는 말이 있습니다. 우리는 정치, 경제, 사회, 문화, 글로벌 산업 동향까지 이 세상 모든 소식을 가장 손쉽고 저렴하게, 업데이트해서 알 수 있습니다.

그래서 신문을 꾸준히 읽다 보면 내가 속한 사회, 내가 속한 업종, 내가 지금 담당한 업무에 대한 사회적 트렌드를 충분히 파악할 수 있게 됩니다.

짬 날 때마다 신문을 읽자

물론 시시각각 엄청난 업무량에 시달리고, 야근에 외근에 주말 근무까지 하다 보면 차분하게 앉아 신문 기사 한 줄 읽는 게 현실적으로 불가능한 분도 있을 것입니다. 그러나 아무리 바쁘다 하더라도, 정 안 되면 화장실에 앉아서라도 반드시 신문을 읽겠다는 의지를 갖는 게 중요합니다. 하루 20~30분만 투자하시면 됩니다. 그 시간이 쌓이면 세상과 소통하는 훌륭한 교재가 될 수 있습니다.

요즘 제 주변 분들 보면 업무 중 잠깐 짬이 날 때 스마트폰 게임을 많이 즐기는 것 같습니다. 스트레스 풀기 위해 게임하는 것을 나무랄 수는 없지만, 그럴 시간에 차라리 잠깐씩이라도 신문을 읽는 게 어떨까요.

요즘은 스마트폰으로 신문 지면을 그대로 보여 주는 앱도 많이 나와 있으니 굳이 구독 신청을 따로 하지 않아도, 부장님 눈치 보지 않고 신문을 읽을 수 있을 것입니다.

좋은 습관이 곧 자기 계발

여러분, 좋은 습관이 오래 쌓이다 보면 그게 바로 나의 경쟁 무기가 될 수 있습니다.

어제저녁 방송된 토크쇼에 어떤 연예인이 나와서 참회 눈물을 흘렸다는 기사만 읽지 말고, 정부가 세수 확보를 위해 어떤 정책을 발표했는지에도 관심을 가져 보는 게 어떨까요.

연예인은 여러분에게 일시적인 즐거움을 줄 수 있어도 업무에는 별다른 도움을 주지 못합니다. 반면 정부 정책은 여러분에게 즐거움을 주지는 못해도 업무에는 큰 도움을 줄 수 있을 테니까요.

Q 취미는 좋아서 하는 것 아닌가?
A 취미도 잘 살리면 경쟁 무기가 된다

Case 1 비극을 희극으로 바꾼 취미의 힘

캠퍼스 커플로 사랑을 속삭이다가 결혼까지 성공한 선배가 있었습니다. 남들 축복 속에 시작한 결혼 생활이었으나, 얼마 지나지 않아 불행의 그림자가 이 부부를 덮쳤습니다. 부인이 난치병에 걸려 버린 것입니다. 큰 병원을 전전하며 오랜 시간 투병에 매달렸으나, 애통하게도 부인은 끝끝 내 하늘나라로 떠나고 말았습니다.

가장 힘든 사람은 큰 병으로 고통받은 환자 본인이었을 것입니다. 하지만 워낙 오랫동안 간병을 하느라 이 선배 역시 고통이 이만저만 아니었습니다. 환자야 병원식으로 해결하면 되지만, 간병인은 알아서 끼니를 해결해야 하는 원초적 불편함이 그중 하나였습니다. 그래서 이 선배, 병원에서 대충 식사를 하거나 집에서 라면이나 햄버거, 일회용 조리 식품으로 끼니를 때우기 일쑤였습니다.

그러던 어느 날, 마트에서 장을 보던 중 우연히 스파게티 팩을 집어 들게 됩니다. 라면과 일회용 조리 식품에 질렸던 터라 뭔가 새로운 음식에 도전하고 싶었던 모양입니다.

문제는 이 선배가 그 이전에는 요리와는 담을 쌓고 지내던 남자였다는 점. 게다가 흔히 말하는 '경상도 사나이'인 터라 평생 부엌 근처에 가는 것을 수치로 알고 살아왔다고 합니다.

생존 본능이 가르쳐 준 요리의 즐거움

그래도 시험 삼아 한번 만들어 봤는데 기적 같은 일이 일어났습니다. 본인이 처음 만들어 본 스파게티가 그렇게 맛있을 수가 없었다고 합니다.

그게 시작이었습니다. 이 선배는 때로는 재미 삼아, 때로는 '생존'을 위해 스파게티를 만들어 먹기 시작했습니다. 이왕 만들어 먹는 것, 좀 더 다양한 스파게티를 만들어 보자는 생각에 이런저런 소스를 자체 개발하기 시작했습니다.

그러던 어느 날, 남들이 꺼리는 고등어를 이용한 스파게티까지 만들어 내는 데 성공했습니다. 독학으로 시작한 스파게티는 이미 생활의 일부가 돼 있었습니다. 배고픔을 면하기 위해 만든 '생존 스파게티'가 어느덧 취미가 됐고, 특기로 발전한 셈입니다. 이로부터 수년의 시간이 흐른 오늘날, 이 선배는 스파게티 요리법과 관련한 책을 출간할 정도로 알아주는 스파게티 전문가가 됐습니다.

물론 지금도 본업은 요리 전문가가 아니지만, 최소한 스파게티와 관련해서는 그 어떤 전문가 못지않은 실력을 겸비하고 있다는 평가를 받고 있습니다.

이 선배가 처음 시험 삼아 스파게티를 만들었을 때, 몇 년 뒤 책을 낼 정도로 전문가가 되리라고 예상한 사람이 얼마나 있었을까요.

본인조차 예상치 못했을 것입니다. 그러나 일단 '저질러' 놓고 보니 일이 점점 커지기 시작했고, 지금은 인생행로를 바꿔야 할지 고민할 정도로 엄청난 성과를 거두고 있습니다.

Case 2 **인생의 면역력을 높여 준 취미의 힘**

다른 친구 얘기를 하나 더 들려드릴까 합니다.

제 또래 친구들이 처음 사회에 첫발을 내디뎠던 90년대 말은 IMF 구제금융 여파로 사회적으로 큰 혼란이 일었습니다.

지금도 그렇지만 당시에도 학교를 졸업하자마자 곧바로 취업한다는 것은 결코 쉬운 일이 아니었습니다. 게다가 IMF라는 예상치 못한 변수까지 더해지면서, 운 좋게 취업에 성공한 친구들 역시 '출근 유예 통고'를 받기 일쑤였습니다.

서류, 필기, 면접까지 통과한 뒤 첫 출근을 기다리고 있던 합격자들에게 '회사 사정이 급격히 악화돼 인사 발령을 무기한 연기하니 양해 바란다.'는 내용의 통보가 오는 경우를 말합니다.

기자를 꿈꾸던 저 역시 언론사에 응시했으나 쉴 새 없이 고배를 마셨고, 결국 취업 시즌 막바지에 간신히 합격한 신문사에서는 'IMF로 사정이 어려워졌으니 언제 출근할지 나중에 알려 주겠다.'라고 통고해 왔습니다.

저뿐만 아니라 제 주변 친구들도 줄줄이 취업에 실패하거나, 혹은 합격했어도 불안한 나날을 보내고 있었습니다. 한마디로 늘 마음이 무겁고, 이러다 평생 백수로 살아가는 것은 아닌가 하는 불안에 사로잡혀 친구들 모두 표정들이 어두웠던 시기였습니다.

그러나 유독 친구 A는 달랐습니다. 천성이 착하고 누구에게나 친절했던 A 역시 여느 친구들처럼 취업에 줄줄이 낙방하는 힘든 시기를 보내고 있었지만 결코 어두운 표정을 짓는 일이 없었습니다.

카메라 촬영이 취미이자 특기였던 A는 취업 시험에 번번이 낙방하던 그 가슴 답답한 나날에도, 학과 후배나 동아리에서 촬영 요청이 들어오면 어김없이 카메라를 들고 행사장에 나가 열심히 촬영해 주곤 했습니다.

한술 더 떠 A는 후배 몇 명과 어울려 다니며 '영상 사업단'이라는 장난기 어린 모임까지 만들어 이런저런 영상물을 제작해 학과 연구실에서 시연회를 열곤 했습니다.

좋아서 만든 영상이 밥벌이가 되다

그런데 참 사람 팔자 알 수 없고, 한 치 앞도 알 수 없는 게 인생인가 봅니다. A는 결국 눈을 돌려 영상물 제작 경험을 토대로 방송사 외주 제작 PD로 나섰습니다. 신분도 불안정하고 임금도 높지 않은 비정규직 길을 택한 것입니다. 비록 A는 정규 공채로 방송사에 입문한 다른 PD 보다 열악한 상황에서 출발했지만, 남들과는 비교가 안 될 정도의 '실전 경험' 이 큰 무기가 됐습니다.

얼마 안 가 A는 특유의 부지런함으로 실력을 인정받기 시작했습니다. A는 시간이 지날수록 황금 시간대 프로그램 제작에 참여하면서 명성을 떨치게 됐고, 결국 오늘날에는 직접 프로그램 제작사를 운영하는 사장님 이 되기에 이르렀습니다.

직장 스트레스, 취미 생활로 풀자

여러분, 직장 생활 하다 보면 엄청난 스트레스를 받기 마련입니다. 취미 생활은 이런 스트레스를 풀기 위한 훌륭한 도구입니다. 저 같은 경우에는 스포츠를 워낙 좋아해서 직접 운동을 즐기거나 관전하면서 스트레스를 풉니다.

각자 취향이 있고, 처한 상황이 다르기에 어떤 취미 생활이 좋다 나쁘다를 논할 수는 없습니다. 스스로 지친 심신을 달랠 수 있고, 스트레스를 풀 수만 있다면 그것이 가장 좋은 취미 생활이라고 할 수 있습니다.

여기서 한발 더 나아가, 취미 생활도 한 번쯤 전략적인 차원에서 생각해 보면 어떨까 싶습니다. 앞서 말씀드린 스파게티 만드는 취미나, 영상 제작 취미는 단순한 아마추어 수준을 뛰어넘었다고 할 수 있습니다.

'취미 생활까지 전략적으로 해야 하나. 너무 야박한 것 아닌가.'라는 반문을 충분히 할 수 있습니다.

제가 드리고 싶은 말씀은 이왕 같은 값이면, 취미 생활도 활용하기에 따라서는 얼마든지 자신의 경쟁 무기가 될 수 있다는 점을 염두에 두자는 것입니다.

취미, 인생의 보험이 될 수도 있다

취미 생활은 본인이 좋아서 선택하는 경우가 대부분입니다.

바꿔 말하면, 자신이 진정 좋아하는 일이고 자신의 적성과도 딱 맞아떨어지는 게 바로 취미 생활입니다. 아무리 해도 해도 질리지 않고 할수록 즐겁기 마련입니다.

그렇기 때문에 만일 취미 생활에 조금만 신경을 쓴다면 얼마든지 삶을 윤택하게 만드는 도구로 활용할 수 있습니다. 물론 여기서 말하는 '윤택'함이란 심리적인 측면뿐 아니라 경제적인 측면도 포함됩니다.

예컨대 취미로 스파게티 만들던 선배는 관련 서적 출간으로 인세를 벌 수 있었고, 훗날 직장에서 은퇴한 뒤 스파게티 전문점을 열 수 있는 '비빌 언덕'을 마련해 놓은 셈입니다. 촬영을 좋아하던 제 친구는 말할 필요도 없이 이미 취미로 밥벌이를 하고 있고요.

취미도 전략입니다. 열심히 활동하세요. 어떤 분야가 됐든 꾸준히 열심히 할 수 있는 취미를 택하시길 바랍니다. '실생활에 도움이 되는' 취미 생활이라면 더욱 좋겠고요.

Q 체력 관리? 잠잘 시간도 없는데
A 돈은 빌릴 수 있어도 건강은 빌릴 수 없다

평소 친형제처럼 지내는 분이 있습니다. 웬일인지 며칠 동안 전화를 해도 받지 않고 문자메시지를 보내도 답이 없었습니다.

처음엔 '이 형이 나를 무시하나. 다시 전화를 주는 건 고사하고 어째서 응답 메시지조차 주지 않나.'라는 생각이 들면서 은근히 부아가 치밀었습니다. 그런 상태가 며칠 이어지자, 무슨 일이 생긴 것은 아닌지 슬슬 걱정이 되기 시작했습니다.

불안한 예감은 틀리지 않는다고 했던가요.

얼마 뒤 지인을 통해 이분이 회사에서 업무 중 갑자기 쓰러졌다는 소식을 들었습니다. 원인은 고혈압으로 인한 뇌출혈. 가족력이 있어 평소 혈압이 높다는 얘기를 듣기는 했지만, 아직 40대 중반이었던 분이 쓰러지리라고는 상상도 못했던 터라 적잖은 충격을 받았습니다.

당시 인사이동 문제로 이런저런 고민이 많았고, 오랫동안 집필해 온 책을 출간하느라 바쁜 나날을 보내고 있었습니다. 여기에 새해 업무 보고까지 겹치면서 몸과 마음이 극도로 지친 상태였다고 합니다.

천만다행으로 지금은 위험한 고비를 잘 넘겨 생명에는 지장이 없고 재활도 순조롭게 하고 있지만, 이분을 보면서 다시 한 번 건강의 중요성을 깨닫게 되었습니다

직장 스트레스, 어떻게 풀고 있습니까?

여러분, 직장 생활은 스트레스의 연속입니다. 업무 자체에서 오는 긴장감, 상사의 질책과 괴롭힘, 주변 동료와의 크고 작은 갈등, 실적에 대한 압박……. 대기업과 중소기업, 사무직과 현장직, 서비스업과 제조업 등 직종을 망라해 직장 생활은 누구에게나 고통과 긴장의 연속입니다.

그래서일까요. 수십 대 일, 수백 대 일의 치열한 경쟁을 뚫고 간신히 취업에 성공했는데, 얼마 지나지 않아 건강 문제로 허덕이는 분들 의외로 많습니다. 지금처럼 계속 일하다가는 언젠가는 쓰러질 것 같다는 두려움. 야근과 주말 출근이 이어지면서 하루가 다르게 살이 쭉쭉 빠져나가는 느낌. 지금이야 젊으니까 그럭저럭 버틴다고 하지만, 이 상태가 얼마나 갈까 하는 근본적인 불안감…….

여러분만 그런 불안감을 느끼는 게 아닙니다. 그렇다고 과감하게 사표 내던지고 몇 년 푹 쉬면서 건강 챙길 만큼 풍족한 직장인이 얼마나 되겠습니까. 행여 몇 년 동안 건강을 추스르고 다른 직장에 들어간다 해

도, 거기는 거기 나름대로 스트레스가 있기 마련입니다. 따라서 자기가 현재 속해 있는 조직 안에서 자기 나름대로 건강 대책을 마련해 나가야 합니다.

'생활 속 피트니스'를 실천해 보자

노하우나 팁까지는 아니지만, 주변을 둘러보면 의외로 건강을 지킬 수 있는 '생활 속 피트니스' 방법이 널려 있습니다.

저 같은 경우 집이 경기도에 있고, 직장은 서울 도심에 있습니다. 출근을 위해서는 집에서 마을버스를 탄 뒤, 광역 버스로 갈아타야 합니다.

처음 이사했을 때는 이런 식으로 출근한다는 게 적잖이 불편했지만, 어느 날부터 생각을 고쳐먹었습니다. 아침에 15분만 일찍 일어나자고 자신을 다독거린 뒤, 마을버스를 타는 대신 도보로 광역 버스 정류장까지 걸어 다니기 시작했습니다.

때로는 잠을 더 자고 싶은 유혹에 빠질 때도 있지만 별다른 경우가 아니라면 요즘에는 마을버스를 잘 이용하지 않습니다. 아침에 걷는 그 15분, 짧다면 짧고 길다면 긴 시간이지만, 매일 반복하다 보면 적지 않은 운동 효과를 거둘 수 있습니다.

직장 초년생의 경우, 아직 차를 장만하기 전이라 대중교통으로 출퇴근하는 분들이 많을 겁니다. 이때 마을버스를 이용하는 분들이라면, 앞으로는 다리를 믿고 의지해 보세요. '마을버스'라는 단어가 의미하듯, 마을을 돌아다니는 버스기 때문에 아침잠만 조금 줄여도 매일 걷기 운동을 할 수 있습니다.

회사 엘리베이터도 마찬가지입니다. 제 사무실은 5층에 있는데 바쁜 일이 없을 경우 계단을 이용해 사무실까지 올라갑니다. 생각보다 꽤 운동 효과가 있습니다.

예전 사무실은 12층에 있던 터라 사무실까지 걸어 올라가기에는 조금 무리가 있었습니다. 그래서 생각한 게 일단 계단을 이용해 올라가고, 좀 힘들다 싶으면 그 층에서부터 엘리베이터를 타는 방법이었습니다. 처음에는 3~4층에서 엘리베이터를 잡았지만 점차 걷는 층수가 늘어나 나중에는 시간만 나면 1층에서 12층까지 곧바로 계단을 통해 올라가는 일이 꽤 잦아졌습니다.

이외에도 꽤 많습니다. 한 자리에 오래 앉아 있을 경우 건강에 좋지 않으므로 일부러라도 자주 일어나 물을 마시러 간다든가, 서류 검토하거나 신문 볼 때 서서 보기, 버스나 지하철에서 일부러 서서 가기 같은 생활 속 피트니스들.

건강 챙기는 것을 거창하게 생각할 필요 없습니다. 그냥 눈에 보이는 대로 시작하면 됩니다. 눈앞에 텀블러가 있으면, 거기에 커피를 가득 채운 뒤 아령처럼 팔 운동을 하면 됩니다. 형식에 얽매이지 말고 생활 속에서 그때그때 건강을 챙기자는 의미입니다.

건강을 잃으면 아무것도 할 수 없다

일단 건강이 뒷받침돼야 직장 생활을 제대로 할 수 있습니다. 몸이 힘들면 만사가 귀찮아지고 정상적으로 업무 처리를 하기가 힘들어집니다. 건전한 신체에 건전한 생각이 깃든다는 경구는 그래서 나왔는지도 모릅니다.

여러분, 지금 돈이 없으면 나중에 벌면 되고, 직장에서 잘리면 다른 직장을 알아보면 됩니다. 하지만 건강을 잃어버리면 아무것도 할 수 없습니다. 사회적으로 무장해제 상태가 돼 버리기 때문입니다.

돈은 빌릴 수 있어도 건강은 빌릴 수 없다는 격언, 늘 마음에 품으셨으면 합니다.

Q 쓰기도 빠듯한데 재테크는 월급 오른 뒤에?

A 월급은 늘 부족하니 오늘부터 시작하라

월급쟁이의 로망과 빈곤

직장 초년생 시절 제 나름대로 원대한 포부를 세웠습니다. 몇 년 안에 승용차를 마련한다, 반드시 미국 배낭여행을 간다, 결혼한다…….

학창 시절 부모님이 주는 많지 않은 용돈과 간혹 들어오는 아르바이트로 근근이 용돈을 마련했던 처지에서, 취직하자마자 제 통장에 적지 않은 돈(물론 제 기준으로 봤을 때의 얘기입니다.)이 들어오는 것을 보니 정말 세상 다 가진 듯한 기분이 들었습니다.

그런 자신감을 바탕으로 앞서 말한 자가용 구입과 배낭여행 같은 멋들어진 계획을 세울 수 있었습니다. 그러나 당시 제가 미처 생각하지 못한 부분이 있었습니다. 월급을 그대로 놔두면 결코 목돈이 되지 못한다는 사실이었습니다.

취직하자마자 그동안 신세 졌던 분들한테 선물 돌리고, 친한 후배들한테는 취직 턱 쏘고, 동기들과 자주 어울려 술자리 모임 갖고…….

이래저래 한 푼 두 푼 나가다 보니 월급봉투에 구멍 뚫린 듯 돈이 새어 나갔습니다. 어머님 권유에 따라 적금에 가입하기는 했으나, 그 액수가 월급에서 차지하는 비중은 별로 크지 않았습니다. 여기에 해외 배낭여행 다녀오고, 승용차 구입까지 하다 보니 결론적으로 몇 년 뒤 결혼하기 전까지는 늘 빈곤에 허덕이는 나날이 지속됐습니다.

재테크, 이를수록 좋다

특별한 경우를 제외하면, 여러분 역시 제 경험과 크게 다른 상황은 아닐 것이라 생각합니다. 남자들이라면 주로 지인과 어울리면서 크고 작은 술값이 나가는 경우가 많습니다. 여기에 여자 분들은 의류 구입비나 화장품값이 은근히 많이 소요된다고들 합니다.

물론 젊은 사람이 지나치게 '돈, 돈, 돈.' 하면서 짠돌이처럼 구는 것도 보기 좋지는 않습니다. 얄미운 생각이 들 정도로 너무 지갑을 안 여는 사람들은 주변에서 이런저런 뒷말을 듣기 십상입니다. 하지만 직장 초년생부터 재테크에 관심을 쏟으면, 그만큼 남들보다 더 여유로운 생활을 할 수 있습니다.

당장 오늘 퇴근 후 유망한 땅을 보러 다니라는 말이 아닙니다. 다만 시간 나는 대로 틈틈이 관련 기사 유심히 읽고, 아주 소액이지만 관련 분야에 투자해 보는 식으로 관심을 쏟다 보면 먼 훗날 본인도 놀랄 만한 큰 결실을 맺을 수 있을 것입니다.

주식이 됐든 부동산이 됐든 경매가 됐든 본인 취향이나 사정에 맞는 재테크 분야를 정한 뒤 꾸준히 관심을 쏟다 보면 10년 후 여러분은 그 분야에 관한 한 전문가 뺨치는 혜안을 가질 수 있습니다.

티끌 모아 재테크 내공

예전에 유명 축구 해설가가 한 토크쇼에 나와서 했던 말이 기억납니다. 자신은 결혼하기 전 젊은 시절부터 부동산에 집중적으로 관심을 쏟았다고 합니다. 그래서 연애할 때도 다른 연인들처럼 놀이공원이나 영화관, 카페를 가는 대신 좋은 부동산을 보러 다니며 데이트를 했다고 합니다.

그렇게 부동산에 관심을 쏟은 지 수십 년. 현재 그 해설가는 수십억 원대 빌딩을 보유한 '알짜배기 스포츠 인사'로 언론에 자주 언급됩니다. 이 해설가가 슈퍼스타들처럼 연봉과 계약금으로 수십억 원을 받아 그 빌딩을 사들인 것은 결코 아닙니다. 젊은 시절부터 꾸준히 관심을 쏟고, 그에 맞춰 알뜰살뜰 돈을 모아 투자했기에 오늘날 남들이 부러워하는 그런 부자가 된 것입니다.

미루다 보면 여유 있을 때는 오지 않는다

여러분도 마찬가지입니다. 차일피일 미루면서 '지금은 월급이 너무 적어 별다른 재테크가 힘드니 나중에 여유가 생기면 그때 가서 본격적으로 뭔가를 해 보자.'고 생각하면 절대 그 '나중'은 오지 않습니다.

입에 은수저를 물고 태어나지 않은 이상 우리들 삶은 늘 금전적으로 압박받을 수밖에 없습니다. 지금 생활이 빡빡하다고, 재테크에 눈 돌릴 겨를이 없다고 생각하는 분은 앞으로 회사에서 임원, 사장이 돼서 수십억 연봉을 받아도 계속 '생활에 여유가 없다.'고 느낄 가능성이 높습니다.

생활비가 모자라 저축할 여유가 없다고 생각되는 이 순간이야말로 재테크를 시작해야 할 때입니다. 지금 재테크를 시작해야 그게 '비빌 언덕'이 돼서 향후 조금씩 금전적인 여유가 생길 수 있습니다.

재테크 분야의 멘토를 만들어라

'일단 저축을 하고 남은 돈을 써라.' '월급의 몇 퍼센트는 저축하라.' '가계부를 써라.' 같은 조언들은 굳이 제가 언급하지 않아도 귀에 못이 박이도록 들으셨으리라 생각합니다.

저는 이에 더해 '재테크에서도 멘토를 만들어라.'는 말씀을 꼭 드리고 싶습니다. 세상 모든 일이 그러하듯, 경험만큼 소중한 자산은 없습니다. 요즘은 워낙 재테크 관련 정보가 넘치다 보니 어느 분야에 어떻게 투자를 해야 할지 가늠조차 하기 힘듭니다. 이럴 때 중요한 게 멘토의 역할입니다.

거창하게 투자 전문가를 사부님으로 모시라는 의미가 아닙니다. 주변에 보면 의외로 자신만의 재테크 방법으로 적잖은 이득을 거두고 있는 분들이 꽤 많습니다. 이분들에게 자주 조언을 구해 어떻게 돈을 아끼고

모았는지 자문하면 적지 않은 도움이 됩니다.

저 같은 경우, 신혼 때 전셋집에 살고 있었습니다. 몇 년 뒤 아기가 태어나자 고민이 생겼습니다. 대출을 받아서라도 당장 주택을 구입해야 하는지, 몇 년 더 전셋집에 살면서 저축을 해야 하는지에 대한 고민이었습니다.

결국 부동산에 밝은 선배들한테 집중적으로 자문한 기억이 납니다. 그때 선배들은 자신들 경험을 들려주면서 저에게 이런저런 조언을 많이 해 줬고, 훗날 그 조언들이 틀리지 않았다는 사실이 증명됐습니다. 저에게는 당시 그 선배들이 '재테크 멘토'였던 셈입니다.

신문 경제면에도 멘토가 있다

그렇다고 해서 '아, 내 주변에는 죄다 신용 불량자밖에 없는데 어쩌란 말이냐. 어디서 멘토를 구하란 말이냐.'라며 탄식할 필요는 없습니다. 신문 경제면을 열심히 뒤지면 알찬 조언들을 얻을 수 있습니다.

예컨대 요즘에는 여러 신문에 재테크 관련 상담 코너가 있습니다. 실제 2014년 2월 19일자 중앙일보 경제면에 실린 상담 내용입니다.

> 서울 서대문구에 사는 대기업 사원 장모(35)씨. 아직 미혼으로 부모님 집에서 독립해 월 셋집에서 혼자 살고 있다. 결혼은 1~2년 후에 할 예정이다. 지금까지 직장 생활을 하면서 모아 놓은 자산은 1억 1000만원 정도로 주로 주식과 은행 예금이다. 월 급여는 400만원. 생활비가 많이 들지 않아 이 중 절반 이상은 저축하고 있다. 가장 큰 재무 목표는 내 집

마련이다. 아울러 결혼 지금도 만들고 노후 준비도 해야 하는데, 어떻게 하면 되는지 물어 왔다.

이런 사연에 대해 은행, 증권, 보험 회사의 재테크 전문가들이 공동으로 최적의 솔루션을 제공해 줍니다. 내 집 마련을 위해서는 앞으로 5년 동안 어떻게 준비를 하고, 현재 저축 방식은 어떤 점은 좋고 어떤 점을 시정해야 하는지, 장기적으로 볼 때 노후 준비는 어떤 점을 개선해야 하는지…….

비록 나와 딱 떨어지는 사연은 아닐지라도, 저런 내용을 자꾸 읽다 보면 대충 자신에게 적합한 재테크 방식이라든가, 최근 재테크 동향, 절세를 위한 합법적 요령, 결혼 이후까지 대비한 장기적 재테크 전략 등에 대한 감을 잡을 수 있습니다.

본인 성향에 맞춰 투자하라

재테크에 있어 또 한 가지 주의할 점, 본인 성향을 잘 파악해야 합니다. 남들보다 투자 성향이 강한 분이라면 다소 위험이 따르더라도 고수익을 낼 수 있는 분야에 도전해 보는 게 성공 가능성이 높습니다.

반대로 본인이 다소 위험 회피 성향이 강하다면, 은행 예금 등 수익은 낮더라도 안정적인 분야에 관심을 갖는 게 좋습니다. 새가슴인 사람이 주식 시장에 몇천만 원씩 투자해 봤자 불안에 떨며 밤에 잠 못 이룰 뿐입니다.

재테크 공부, 지금 당장 시작하라

여러분, 제 경험상 재테크는 기술보다는 의지의 문제인 것 같습니다. 누가 더 의지를 갖고 더 많은 노력을 기울이느냐에 따라 재테크를 잘하느냐 못하느냐가 결정되는 경우가 대부분입니다.

지금부터라도 꾸준히 재테크에 관심을 기울여 보세요. 빠르게 시작하면 시작할수록 남들보다 몇 걸음 앞서 갈 수 있습니다. 젊은 시절부터 각종 재테크를 잘한 탓에 '회사 월급을 본인 용돈으로만 써도 되는' 선배들도 간혹 봤습니다. 여러분도 그렇게 되지 말란 법이 없습니다.

단, 누워서 감 떨어지기를 기다려서는 그런 시절이 절대 오지 않는다는 사실을 명심하기 바랍니다.

Q 다 때려치우고 새로 시작할까 봐

A 하지 마라

몇 년째 가수 오디션 프로그램이 유행입니다. 「슈퍼스타K」 「위대한 탄생」 「K-POP스타」 등이 그것인데요. 요즘 일반 기업체에서는 이 같은 프로그램들을 본 따 사내 오디션 이벤트를 진행하는 회사들이 많다고 합니다.

"우리나라에 노래 잘 부르는 사람 참 많네"

제가 몸담은 회사에서도 직원들을 대상으로 사내 오디션을 진행한 적이 있습니다. 각 사업장을 돌면서 몇 개월간 예선과 본선을 거쳐 최종 7개 팀이 참여한 가운데 결선이 열렸습니다. 실제 공중파 오디션 프로그램에서 심사를 맡았던 유명 뮤지션들이 초청된 가운데 열띤 경연이 펼쳐졌습니다. 아마추어라고 부르기에는 실력이 아까울 정도로 빼어난 가창력을 지닌 분들이 열창을 이어갔는데요, 결국 우승은 팝페라를 부른 남성 사원이 차지하면서 1000만 원에 해당하는 상품권을 받았습니다.

사내 방송으로 예선부터 결승까지 시청할 수 있었는데요, 무대에서 열창하는 모습들을 보면서 "참 우리나라에는 숨은 인재들이 많구나."라는 점을 새삼 느꼈습니다.

쿨한 삼촌이 될 수 없었던 이유

지금은 제대해 평범하게 학교를 다니고 있는 조카 녀석이 군 입대 전한때 비보이를 꿈꿨습니다. 자신은 정말 잘할 자신이 있다며, 비보이 쪽에서 일하고 싶다는 것이었습니다. 조카는 제대 후에라도 기회만 닿으면 비보이로 입문하고 싶다는 의지를 불태웠습니다.

고교 시절 소속사까지 두고 연극 활동을 했던 또 다른 조카는 연극무대로 복귀할지를 놓고 진지하게 고민하고 있는 눈치입니다. 현재 평범한 회사원 신분인 조카는 하루하루가 변함없이 흘러가는 지루한 일상을 벗어나 좀 고생스럽더라도 연극 무대에 서는 게 더 나을 것 같다는 '로망'을 간직하고 있는 것 같습니다.

그러나 저 조카들에게 제가 해 준 조언은 '하지 마라.'였습니다. 비보이를 하고 싶다는 조카에게는 "그냥 군대 다녀와서 복학하고, 평범하게 취직해서 살아라."라는 조언을, 연극하고 싶다는 조카에게는 "지금 다니는 회사 열심히 다녀라."라는 조언을 해 줬습니다.

의외인가요? 물론 저도 멋있는 삼촌, '쿨'한 삼촌으로 조카들에게 비치려면 어떻게 말해야 할지 정답을 알고 있습니다.

'진정 하고 싶은 일을 해라.' '일상에 얽매이지 마라.' '돈이 전부가 아니다.' '도전하는 삶을 살아라.'…….

그러나 야박하게 들릴지 몰라도 저는 그냥 "하지 마라."라는 조언을 조카들에게 해 줬습니다. 만일 남의 조카, 잘 모르는 후배가 저런 고민을 털어놨다면 아마 답변을 달리했을지도 모릅니다. "현실을 박차고 나가 당신의 꿈을 마음껏 펼치세요."라는 멋들어진 말과 함께.

그러나 저는 조카들의 미래를 진정으로 걱정하는 친삼촌입니다. 가장 현실적인 조언을 조카들에게 해 줘야 했다는 의미입니다.

성공담은 성공담일 뿐이다

여러분, 언론에 보면 사회가 만든 틀을 당당히 깨 버리고 새로운 영역을 개척한, 모험적인 삶을 살고 있는 젊은이들의 성공 스토리가 심심찮게 등장합니다. 안정된 대기업을 버리고 퇴사한 뒤 자기 사업을 벌여 크게 성공을 거뒀다는 얘기, 남들은 만류했으나 뚝심 있게 밀어붙여 보란 듯이 성공했다는 얘기. 해외를 무대로 '맨땅에 헤딩'하듯 사업을 펼쳐 기존 기업들도 해내지 못한 수출 실적을 내고 있다는 젊은 기업인들의 이야기.

그러나 언론은 어디까지나 우리 주변에서는 잘 일어나지 않을 법한 일들을 다루는 속성이 있습니다. 누구나 그렇게 창업해서 대박을 터뜨리고, 누구나 자기 고집대로 일을 추진해 큰 성공을 거둘 수 있다면, 그런 스토리를 굳이 신문에서 내보낼 이유는 없었을 것입니다.

거꾸로 말하면 매체에 오르내리는 성공 스토리, 집시처럼 자유로운 삶을 만끽하는 사람들 얘기는 극히 희박한 확률 속에 이뤄낸 것일 뿐입니다. 그런 사람들이 거둔 성공은 일반화할 수도 없고, 일반화해서도 안 됩니다.

그럼에도 그런 기사에 등장하는 인물들은 젊은이들에게 속삭입니다.

'당신도 나처럼 현실을 박차고 나와라.' '당신도 당장 나처럼 용기를 가지고 도전하라.'

그런 기사를 접하는 젊은이들은 심장 박동 수가 빨라집니다. '아, 이렇게 성공한 사람도 있는데 나라고 못할 게 뭐냐.' 자신감을 갖는 것까지는 좋지만, 그 스토리대로 따라가는 것은 위험천만하기 이를 데 없습니다.

어려운 길을 가려는 후배들에게

제가 늘 후배들에게 강조하는 말이 있습니다. 지금 현재 위치한 자리가 여러분에게 가장 잘 맞는 옷일 가능성이 높다는 말입니다. 지금 딛고 있는 이곳이 여러분 위치이며, 지금 하고 있는 일이 여러분이 오래전부터 꿈꿔 왔던 일일 수 있습니다. 혹은 오래전부터 꿈꿔 왔으나, 막상 그 자리에 와 보니 기대와 달랐을 뿐이겠죠.

그럼에도 자신이 가진 끼와 재능을 정 묵히기 아깝다 싶으면, 다른 방식으로 그 욕망을 충족시키면 됩니다. 앞부분에서 사내 오디션 이벤트를 언급한 이유가 바로 그것입니다. 사내 오디션에 참가했던 분 중에는 뜻 맞는 회사 친구들끼리 록밴드를 조직해서 퇴근 후 열심히 연습하는 분도 있었습니다. 멋들어지게 힙합을 선보인 참가자는 회사를 다니면서도 동아리 활동 등을 통해 힙합 라임을 연습했다고 합니다. 만일 비보이를 하고 싶거나 연극을 해 보고 싶으면 취미 생활로도 얼마든지 할 수 있는 게 요즘 세상입니다.

결론적으로 굳이 배고프고 힘들고 향후 장래가 어떻게 될지 모르는 어려운 길을 가기보다는, 확률적으로 좀 더 안정적인 길을 가되 그 안에서 끼와 재능을 불태우는 것이 더 낫다는 게 제 생각입니다.

물론 전업 비보이로 활동하거나 전업 배우로 활동하는 것만큼 카타르시스를 얻을 수는 없겠지만, 반대로 비교적 안정적인 삶을 살면서도 자기가 하고 싶은 제2의 삶을 꾸릴 수 있는 여건이 얼마든지 갖춰져 있으니까요.

직장인도 꿈을 실현할 수 있다

이렇게 말씀드리는 저 역시 마찬가지입니다. 제가 기자 생활을 10년 넘게 했고 아무리 기사를 많이 썼어도, 전문적으로 문학을 공부해 글을 쓰는 소설가나 수필가 선생님들보다 문필력이 뛰어날 수는 없습니다.

또 전업 작가로 나서는 게 배고프고 추운 일이라는 것을 익히 알고 있기에(모든 작가분이 가난하거나 불행하게 살고 있다는 말은 절대 아니니 오해하지 마시길. 다만 우리 사회에서 전업 작가로 산다는 것은 경제적으로 윤택함과는 거리가 멀어 보인다는 의미입니다.) 평소에 저는 일반 회사원의 삶을 살다가 틈틈이 남는 시간을 이용해 글을 써 왔습니다.

저 역시 깊은 명상과 사유 속에 향기 나는 글을 품어 내는 전업 작가의 길을 가고 싶은 욕심이 없는 것은 아닙니다. 그러나 일단 현실적으로 가장 안정적으로 사는 방법이 무엇인가를 고민해 보면 지금처럼 회사원으로서 생활을 영위하는 동시에 이 책과 같은 글을 쓰는 게 가장 좋을 것 같다는 결론을 내린 것입니다.

"당신 자녀에게도 모험적인 삶을 권할 수 있습니까?"

제가 드린 말씀이 지나치게 현실적이고, 젊은 분들이 듣기에는 '기성세대 틀에 갇혀 지내라.'는 의미로 받아들여질 수 있을 것 같습니다.

그러나 "세상은 넓고 할 일은 많다."고 젊은 분들에게 조언해 주는 분들에게 한마디만 묻고 싶습니다. "당신 자녀에게도 그렇게 모험적인 삶을 권할 수 있겠느냐."라고.

남들이 가는 평범한 길을 가는 것이 다소 답답하고 지루한 일일지 몰라도, 평균적으로 보면 그 길로 가는 게 위험 부담을 줄일 수 있는 최선의 길일 수 있습니다.

물론 박지민이나 이하이, 존박, 허각처럼 타고난 재능을 가진 분들에게 "그냥 평범하게 살아라."라고 말해선 안 되겠지만, 솔직히 지금 여러분이 가진 재능이 남들도 인정할 만한 탑 클래스의 재능인지, 지금 가고 있는 평범한 길을 박차고 나가 인생을 걸고 승부해도 승산이 있을 만한 수준인지, 한 번쯤 객관적으로 살펴봐야 하지 않을까 싶습니다.

인생은 결승선에 가 봐야 안다

야구를 좋아하는 분이라면 '서용빈'이 누구인지 잘 아실 것입니다. 야구를 좋아하지 않는 분도 이름은 한 번쯤 들어 보셨으리라 생각합니다. 서용빈 선수는 정교한 타격과 안정된 수비 실력을 바탕으로 1990년대 한국 프로야구계를 대표하는 좌타자로 명성을 날렸고, 지금은 야구 지도자의 길을 걷고 있습니다. 야구 실력도 빼어났지만, 얼굴까지 잘생겨서 여성 팬들에게 큰 인기를 얻었던 기억이 납니다.

잠자던 용, 서용빈 선수의 대역전극

제가 서용빈 선수 얘기를 꺼낸 것은 그의 데뷔 과정에 대한 말씀을 드리고 싶어서입니다. 학창 시절까지 서용빈은 소위 말하는 '스타 플레이어'가 아니었다고 합니다. 어느 정도 타격에 재질은 있었지만 소속팀이 약체다 보니 프로 야구

스카우터로부터 별달리 주목받는 선수는 아니었습니다.

프로 야구단에 입단할 당시 그의 지명 순번은 40번대를 넘어서고 있었습니다. 즉 그해 한국 프로 야구계에 데뷔한 선수 중에 서용빈보다 더 실력을 인정받은 선수들이 40명이 넘는다는 의미입니다. 확인된 사실은 아닙니다만, 그나마 그가 프로 야구에 지명을 받을 수 있었던 것도 같은 대학 팀에 있었던 모 투수 덕분이라는 소문이 팬들 사이에서 돌았을 정도였습니다. 스카우터들이 그 투수의 일거수일투족을 주목하다 보니 그 근처에 있던 서용빈까지 눈길을 주기 시작해 그냥 '덤'으로 지명했다는 소문이었습니다.

프로 야구에 발을 들여놓기는 했지만 주전의 길은 멀어 보였습니다. 당시 그가 속한 프로팀에는 국가 대표 출신의 유명한 강타자가 있어 서용빈이 주전을 차지하리라고 예상한 사람은 별로 없었습니다.

그러나 서용빈은 입단 직후 동계 훈련 때부터 두각을 나타내기 시작했고, 예상을 깨고 주전 자리를 꿰차더니 이후 2006년 은퇴할 때까지 한국 프로 야구를 대표하는 스타 선수로 팬들의 사랑을 듬뿍 받았습니다.(당시 동계 훈련장을 방문한 전설의 강타자 장훈 선생이 '무명'인 서용빈에게 타격 자세가 좋다며 칭찬을 아끼지 않았고, 이에 크게 고무된 서용빈이 더욱 연습에 매진해 결국 잠재력을 폭발시켰다는 스토리는 야구팬들에게 잘 알려진 일화입니다.)

반면 1994년 프로 야구 입단 당시 서용빈 선수보다 더 상위 순번에 지명된 선수 중 상당수는 기대와 달리 변변한 성적을 올리지 못한 채 쓸쓸히 야구계를 떠났습니다. 중·고·대학 시절까지는 서용빈 선수가 이들에 비해 낮은 평가를 받았지만 프로 야구에서는 대역전극이 펼쳐진 셈입니다.

출발이 늦었다고 도착까지 늦으란 법은 없다

출발 당시 남들의 평가는 낮았을지 몰라도 이후 맹렬한 노력 끝에 큰 성공을 거둔 이런 역전극을 접할 때마다 정말 큰 박수를 쳐 주고 싶습니다. 출발 순서대로 결승점에 먼저 도착하라는 법은 없습니다. 출발이 늦었다고 도착까지 늦으라는 법은 없는 게 우리 인생인 것 같습니다.

살다 보면 이런 사례 수없이 접할 수 있습니다.

가장 별 볼 일 없을 것 같았던 사람이 이후 눈부신 성장을 거듭하며 남들의 찬사를 받을 만한 큰 업적을 이루어내는 반면, 처음에는 승승장구하던 사람들이 조그만 승리에 취하거나 타고난 재능만을 과신하다가 결국 얼마 지나지 않아 사람들 뇌리에서 잊히는 경우가 많습니다.

승승장구하던 선배의 추락

정말 두뇌가 탁월한 언론계 선배가 있었습니다. 명문대에 장학생으로 입학할 정도였습니다. 입학 때부터 교수님들의 기대를 한몸에 받았지만 워낙 노는 걸 좋아해 졸업반이 됐을 때는 학점을 걱정해야 할 처지였다고 합니다. 탁월한 머리에 명문대 출신이라는 배경이 더해져 어렵지 않게 언론사에 취업할 수 있었습니다.

여기서 그의 천재성은 빛을 발하기 시작합니다. 동료 기자들은 취재 수첩에 일일이 메모를 해도 막상 기사를 쓸 때는 기억이 잘 나지 않아서 고생하는 반면, 이 선배는 아예 취재 수첩을 들고 다니지 않는 것으로 유명했습니다. 즉 취재원과 한 시간이든 두 시간이든 아무리 긴 대화를 나눠도 그 내용을 대부분

암기했고, 이를 바탕으로 기사를 술술 작성했습니다.

그러나 남들보다 월등한 두뇌를 너무 과신했던 탓일까요. 이 선배는 딱 거기까지였습니다. 기자로서 성공하기 위한 노력은 기울이지 않았고, 동기들에 비해 탁월했던 취재력이나 문장력은 정체 상태였습니다.

남들보다 두세 계단 앞서 있다는 주변 평가는 조금씩 사라지기 시작했고, 어느 순간부터는 '그저 그런' 기자로 전락하고 있었습니다. 그것도 모자라 지나치게 과음을 하는 등 자기 관리에도 문제가 많았습니다.

결국 이 선배는 언론계를 떠나 현재 다른 일에 종사하고 있는데, 새로운 분야에서도 그다지 좋은 평가를 받고 있지는 못한 채 제대로 자리를 잡지 못하고 있습니다. 이 선배와 함께 일했던 많은 분들이 이분 재능에 대해 아쉽다는 말들을 합니다. 조금만 더 노력했다면, 조금만 더 부지런했다면, 아마 한국 언론계에 이름을 떨치고도 충분한 그런 인재였다는 아쉬움들입니다.

첫 단추와 마지막 단추는 다르다

첫 단추를 잘 채워야 한다는 속담이 틀린 것은 아닙니다.

그러나 첫 단추를 잘 채웠다고 나머지 단추가 저절로 잘 채워지는 것은 절대 아닙니다. 남들보다 좋은 출발을 했다면 그 페이스를 유지하기 위해 더욱더 많은 노력을 기울여야 합니다.

그 반대도 마찬가지라고 생각합니다.

출발이 늦었지만 결국에는 남들보다 더 빛나는 인생을 살고 있는 분들, 너무나 많습니다. 집안이 처지고, 학력이 처지고, 재능이 처지고, 인맥이 처져도 결국에는 각고의 노력 끝에 자기 자리에서 빛나는 성과를 내신 분들이 부지기수입니다.

아직 포기하기는 이르다

여러분의 출발은 어떠셨나요.

혹시 지금 옆자리 동료보다 낮은 학력을 가지고 있다며 콤플렉스에 사로잡혀 있는 것은 아닌가요? 든든한 '백그라운드'를 가진 저 친구보다 취업이 어려울 것 같다며 '못난 내 부모'를 탓하고 있나요? 비정규직으로 입사한 내가 정규직인 저 친구와 경쟁 상대조차 되지 못할 것이라며 좌절하고 있나요?

출발이 늦었다고, 출발선에서 삐끗했다고, 내 출발선 자체가 남들보다 뒤쪽에 있다고 한탄만 하기에는 젊음의 시계가 너무나 빨리 흘러갑니다. 그럴 시간에 죽자 살자 더 열심히 뛰어 보는 것은 어떨까요. 나보다 빨리 출발한 이들이 한 걸음 달릴 때 우리는 두 걸음, 세 걸음 냅다 달리다 보면 결승선 테이프는 먼저 끊을 수 있지 않을까 싶습니다.

출발은 늦어도 중간부터 폭발적인 스피드를 내면서 짜릿한 대역전극을 연출하는 우사인 볼트처럼!

모든 평범한 삶은 비범하다

기자 시절 경찰팀에 근무하던 어느 날이었습니다.

여느 날과 마찬가지로 새벽부터 제가 담당하는 경찰서를 한 바퀴 돌면서 밤새 별다른 사건 사고가 없었는지 점검하고, 특이 사항은 본사에 근무 중인 데스크(흔히 '시경 캡'이라고 합니다.)에 보고를 마쳤습니다.

이때가 대략 오전 8시쯤이었던 듯합니다. 아침 식사를 마친 뒤 경찰서 앞마당에서 한숨 돌리며 담배를 피우고 있던 찰나, 시경 캡으로부터 급한 전화가 옵니다. '당장 시내 ○○빌딩으로 튀어 가라.'는 지시였습니다.

시경 캡이 저렇게 급하게 출동 명령을 내릴 경우, 십중팔구는 대형사고 발생. 아니나 다를까, 현장에 출동해 보니 벌써 폴리스 라인이 쳐 있고, 저보다 먼저 도착한 타 언론사 기자들이 열띤 취재 경쟁을 벌이고 있었습니다.

　바로 대기업 회장 투신자살 사건이었습니다. 현직 대기업 총수가 자살한 전대미문의 사건이었기에 언론 취재 열기는 뜨거웠고, 자살 배경을 두고 별의별 소문들이 나돌았습니다. 저 역시 관할 경찰서 형사들을 상대로 사건 발생 경위, 목격자 진술, 죽기 직전 고인의 행적 등을 취재해 기사를 썼던 기억이 납니다.

　당시 제가 취재하는 내내 느꼈던 것은 "아, 세상 누구나 부러워하는 큰 기업의 높은 분이라 하더라도 말 못할 고민이 있고 아픔이 있구나."라는 점입니다. 남들 다 부러워할 만큼 엄청난 재산을 가진 대부호 역시, 죽음의 나락으로 몸을 던질 만큼 고통스러운 일들이 있다는 것이죠.

　하긴, 어디 대기업 총수뿐이겠습니까. 남들 보기에는 좋은 환경에서 자라고, 뛰어난 머리를 지녀서 사회적으로 출세한 분들도 결국 한 꺼풀 벗겨 보면 다 나름대로 고민이 있고, 아픔이 있습니다.

　그런 점에 비춰 보면 사실 '평범하게 산다.'는 것은 굉장히 비범하고 어려운 일입니다. 그래서 우리는 함부로 주변 사람들한테 "네가 무슨 고민이 있겠냐. 내가 너라면 날아다니겠다."고 말해선 안 되는 것인지도 모르겠습니다.

　겉으로는 웃고 있고, 아무 걱정과 고민 없이 사는 것처럼 보이는 '평범한' 사람들, 더 나아가 사회적으로 존경과 부러움의 대상이 되는 사람들 역시 그 속내를 들여다보면 다 아픔이 있고, 남들에게는 쉽게 털어놓을 수 없는 고민들이 있는 법입니다.

이렇게 말하는 저라고 예외는 아닙니다. 태생적으로 쾌활한 성격에 주변 사람들과 어울리기 좋아하는 낙천주의자이지만, 저 역시 빡빡한 한국 사회에서 종일 직장에서 시달리며 살아가는 평범한 가장이기도 합니다. 때로는 "정말 언제까지 이렇게 살아야 하나."라며 분을 참지 못할 만큼 스트레스 받을 때도 있습니다. 다만 안 그런 척, 별 어려움이 없는 척, 화려한 마스크를 쓴 채 하루하루를 살아갈 뿐입니다.

여러분은 어떠신가요?

남들은 참 편한 길을 가는 것 같고, 별 탈 없이 평범하게 살아가는 것 같은데 유독 본인에게만 어려움이 잇따르고, 주변 환경이 뒷받침해 주질 않는 것 같나요? 인생이 불공평하고, 세상이 불평등하게 느껴지나요?

만약 그렇다면 한번만 다른 각도로 생각해 보세요.

평범해 보이고, 순탄해 보이는 타인의 인생 역시 온갖 고민과 난관으로 가득 차 있습니다. 지위가 높건 낮건, 재산이 많건 적건, 세상에 고민 없고 고통 없는 인생을 사는 사람이 단 한 명이라도 있을까요?

앞서 말씀 드렸듯, '평범하게 산다.'는 것은 사실 매우 비범한 일입니다. 여러분 역시 "남들은 다 잘 사는데 왜 나만 이 모양 이 꼴로 살아야 하나." "평범한 사람들이라면 겪지 않을 이런 고통을 왜 나만 겪어야 하나." 라는 생각에 좌절할 필요가 전혀 없습니다. 그대가 생각하는 '평범한 사람들'도 속내를 들여다보면 결코 평범한 삶을 살고 있는 것은 아니기 때문입니다.

그들 역시 그 평범함을 유지하기 위해 온갖 노력을 하고, 수많은 고민과 번뇌를 하고 있다는 점을 생각하면 지금 여러분이 느끼는 '나만의 아픔과 고통'이 결코 혼자만의 아픔은 아니라는 것을 느낄 수 있을 것입니다.

프롤로그에서 밝혔듯, 이 책에 나오는 내용들은 바로 저 자신을 다독이는 말이기도 합니다. 솔직히 저 자신도 여러분에게 이래라저래라 조언할 만큼 성공적인 직장 생활을 하고 있는지조차 의문입니다. 혹여 옆자리 동료가 제 글을 본다면 "당신이나 잘하라."고 비웃을지도 모를 일입니다.

제가 쓴 글에서는 분명 "상사가 어려운 일을 시켜도 웃는 낯으로 대하라."라고 썼지만, 정작 저 자신 역시 그런 상황에서 웃는 낯으로 대했는지 반성을 해 봐야겠습니다. "마음에 안 드는 인사 발령이 나더라도 길게 보고 꾹 참아라."는 조언을 드렸지만, 당장 다음 인사 때 한직으로 발령 나면 그때도 제가 참을 수 있을지 솔직히 장담하기 힘듭니다. 저 역시 직장 생활 십수 년이 지났지만, 여전히 어떤 게 좋은 직장인의 자세인지 헤맬 때가 많습니다. 아마 직장에서 은퇴할 때까지 그런 고민은 계속될지 모릅니다.

다만, 제가 여러분보다 앞서는 것이 한 가지 있다면, 그것은 바로 나이입니다. 여러분보다 짧게는 몇 년, 길게는 십몇 년 먼저 태어나 온갖 시행착오와 실수를 저질러 본 제가 '저 같은 실수를 하지 마시길 바랍니다.'라는 의미로 이 책을 정리했다고 이해해 준다면 감사하겠습니다. 그런 의미에서 책을 읽는 동안 행여 여러분 생각과 달랐던 부분이 있거나 도저히 수긍하기 힘든 내용이 있었더라도 너그러이 양해해 주시기 바랍니다.

끝으로, 이 책을 통해 단 한 분이라도 '나만 지옥 같은 직장 생활을 하는 게 아니었구나.'라고 느낀 분이 있다면 그것으로 만족하겠습니다.

어차피 피할 수도 즐길 수도 없는 직장 생활, '다 함께 버텨 보자.'는 힘찬 응원을 여러분과 저 자신에게 보내면서 글을 마칠까 합니다.

감사합니다.

파란만장 선배의 신입사원 상담소

1판 1쇄 펴냄 2015년 1월 2일
1판 4쇄 펴냄 2018년 6월 14일

지은이 | 양성욱
발행인 | 박근섭
펴낸곳 | ㈜민음인

출판등록 | 2009. 10. 8 (제2009-000273호)
주소 | 135-887 서울 강남구 신사동 506 강남출판문화센터 5층
전화 | **영업부** 515-2000 **편집부** 3446-8774 **팩시밀리** 515-2007
홈페이지 | minumin.minumsa.com

도서 파본 등의 이유로 반송이 필요할 경우에는 구매처에서 교환하시고
출판사 교환이 필요할 경우에는 아래 주소로 반송 사유를 적어 도서와 함께 보내주세요.
135-887 서울 강남구 신사동 506 강남출판문화센터 6층 민음인 마케팅부

㈜민음인은 민음사 출판 그룹의 자회사입니다.